公元 787 年，唐封疆大吏马总集诸子精华，编著成《意林》一书 6 卷，流传至今

意林：始于公元 787 年，距今 1200 余年

U0863781

意林®

一则故事　改变一生

查塔姆中学
Chatham Christian Schools

查塔姆中学（Chatham Christian Schools）是位于安大略省查塔姆市的私立学校。查塔姆中学成立于1957年，提供安大略省教育部规定的从小学到中学的课程。教育质量高，并实行小班制教学，每班学生不超过23人，教师和学生的比例为1:12。现有学生约400名，其中高中部有学生130名左右。高中部的国际学生比例低于10%。高中毕业生能顺利地进入理想大学。学校的专职辅导员为每个国际学生设计他们的升学方案。

哈利恩利高中
Harry Ainlay High School

哈利恩利高中（Harry Ainlay High School）地处埃德蒙顿市南部，是一所规模较大的集多元化为一体的公立高中，学校的学生来自世界各地，因此在校学生有着不同的教育、社会、种族、宗教背景。针对生源的多样性学校制订了一系列带有语言环境的语言课程，为想加入哈利恩利高中的国际学生提供了一个广阔的语言环境。

皇家基督学校
Regent Christian Academy

皇家基督学校（Regent Christian Academy）以高质量的教学标准和对学生的人品教育而著名。学校被加拿大独立研究权威机构排名进入不列颠哥伦比亚省同类学校前三十名，在素里市同类学校中排名第二。学校的高中毕业生100%进入加拿大和美国的大学，如多伦多大学、英属哥伦比亚大学、维多利亚大学、西安大略大学等。现有学生600名，中国学生10名左右。

王子基督高中
King's Christian Collegiate

王子基督高中（King's Christian Collegiate）位于大多伦多地区的奥克维尔市西北部，风景优美，距多伦多市中心仅30分钟车程。王子基督高中成立于2001年，拥有占地7000多平方米的现代化高科技教学楼。开设9~12年级高中课程，由安大略省教育厅注册认证，是安大略省基督教学校联盟和基督教教会赞助成立的私立贵族学校。王子基督高中附近有众多知名大学：西安大略大学、滑铁卢大学、多伦多大学、约克大学等。

世界语文

全世界最美的课文·加拿大语文

《意林》编辑部　编
邢祎　邓慧洁　译

初中版

吉林摄影出版社
·长春·

"全世界最美的课文"系列
图书在版编目（CIP）数据

加拿大语文：初中版 /《意林》编辑部编；邢祎，邓慧洁译. -- 长春：吉林摄影出版社，2015.5
（全世界最美的课文）
ISBN 978-7-5498-2308-6
Ⅰ. ①加… Ⅱ. ①意… ②邢… ③邓… Ⅲ. ①中学语文课－初中－课外读物 Ⅳ. ①G634.303
中国版本图书馆CIP数据核字(2015)第085558号

全世界最美的课文·加拿大语文（初中版）
QUANSHIJIE ZUI MEI DE KEWEN JIANADA YUWEN (CHUZHONGBAN)

编　者　《意林》编辑部
译　者　邢　祎　邓慧洁
出版人　孙洪军
总策划　杜　务
主　编　孙洪军　顾　平
责任编辑　施　岚　胡晓路
丛书统筹　蔡　燕
策划执行　邓志娟
封面设计　李　倩
美术编辑　金　宇
封面供图　达志影像
开　本　700mm×1000mm 1/16
字　数　280千字
印　张　13.25
印　数　1～20000册
版　次　2015年5月第1版
印　次　2015年5月第1次印刷

出　版　吉林摄影出版社
发　行　吉林摄影出版社
地　址　长春市泰来街1825号
邮　编　130062
电　话　总编办：0431—86012616
　　　　发行科：0431—86012602
网　址　www.jlsycbs.net
经　销　全国各地新华书店
印　刷　北京市兆成印刷有限责任公司

书　号　ISBN 978-7-5498-2308-6　　　定　价：28.90元

启　事

本书编选时参阅了部分报刊和著作，我们未能与部分作品的文字作者、漫画作者以及插画作者取得联系，在此深表歉意。请各位作者见到本书后及时与我们联系，以便按国家相关规定支付稿酬及赠送样书。

地址：北京市朝阳区南磨房路37号华腾北搪商务大厦1501室《意林》编辑部（100022）

电话：010—51908602

CONTENTS

目录

第一章

奇妙的朋友

CONTENTS
目录

第二章

少年成人礼

CONTENTS

目录

绿野仙踪

第三章

寓言来了

第四章

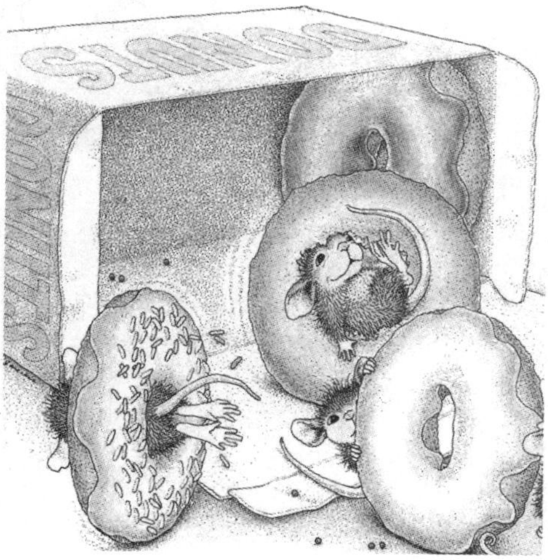

CONTENTS

目录

生活奏鸣曲

第五章

诗梦奇缘

第六章

全世界最美的课文·加拿大语文

初中版

【第一章】

奇妙的朋友

全世界最美的课文·加拿大语文

初中版

安德鲁克斯和狮子

导读

安德鲁克斯是一名来自非洲的奴隶。他逃走之后，碰到了一只因为大刺扎进了脚掌而感到痛苦万分的狮子。安德鲁克斯帮狮子拔掉了大刺，并照顾它。后来，安德鲁克斯被奴隶主抓到并丢进大型斗兽场迎战一只狮子。但是幸运的是，安德鲁克斯面对的是他的老朋友。狮子不但没有伤害他，还当着所有罗马人的面亲吻他。

几百年以前，在非洲北部生活着一名贫困的罗马奴隶，他的名字叫安德鲁克斯。他的主人在这个国家具有很高的权力和权威，但是此人冷酷无情，使奴隶们过得很悲惨。他们吃很少的食物，做非常繁重的工作，假如奴隶们无法满足主人反复无常的愿望，就要遭到惩罚与虐待。长期以来，安德鲁克斯忍受着生活的艰辛，最终他再也无法忍受，于是下定决心逃走。他知道这个计划充满了危险，因为在这个陌生的国家，他没有朋友，无法获得保护，也没人为他提供庇护，而且他清楚地知晓假如他被捕获，将面临着残忍的死亡。但是即便如此，他想与现在所过的生活相比，死亡可能也不过如此，而且他极有可能逃离海岸，某一天以某种方式回到罗马，并找到一位更加仁慈的主人。

一天晚上，他等下弦月在空中渐渐变小，只剩下一道金色的细线，趁着天黑，他溜出了主人的房子，走到荒芜的广场，然后沿着城墙进入葡萄园，走向城墙外面的玉米地。在凉爽的夜晚，他飞速疾行。不时传来的犬吠声，或者乡村别墅里晚归的酒徒的声音都让在路上穿行的他心惊胆战。但是当他走到乡下，这些声音全部消失了，围绕着他的是无边的黑暗与寂静。当太阳升起的时候他已经离开那个令他非常痛苦的镇子。现在新的恐惧——对无尽的孤寂产生的恐惧——让他烦恼。他来到荒野贫瘠的乡下，这里没有人居住的迹象。一簇密集生长的灌木以及多刺的含羞草挡在了他的前面，当他试图穿过这丛灌木的时候，他被严重地划伤了，身上的几片布被荆棘撕破。另外，矮树形成的树荫不够阻挡炎炎烈日。他又饿又累，感到非常疲倦，多么希望能躺下来休息。但是在烈日底下躺着差不多意味着死亡，他挣扎着，希望找一些野果来吃，喝一些水来缓解干渴。走出灌木丛，他发现自己处境很差。前面是一道高高低低的石崖，看不见房屋，也根本找不到食物。他很疲倦，无法继续游荡。当看到石崖的一侧有一个阴暗、凉快的石洞，他爬了进去，伸开疲惫的四肢躺在沙子上睡着了。

突然他被鼻息声唤醒，他的血液都凝固了。一只野兽的嚎叫响彻耳际，他开始瑟瑟发抖。他看见一只庞大的黄褐色狮子站在洞口，狮子的牙闪着白光。此刻的他简直插翅难逃，因为狮子挡住了路。安德鲁克斯吓得动都不敢动，站在原地，等着这只怪物扑向他，把他撕成碎片。

但是这只狮子没有动。它发出低沉的呻吟声，就像处于极大的痛苦中。它站在那里舔着大爪，安德鲁克斯看到它的爪子正在流血。看到这只可怜的动物遭受这样的痛苦，而它似乎很温柔，安德鲁克斯忘掉了自己的恐惧，慢慢地靠近了狮子。狮子抬起了它的爪子，似乎在寻求安德鲁克斯的帮助。安德鲁克斯看到狮子的爪子里有一根长长的刺，划开很深的口子，伤口处已经肿了，给它造成了极大的痛苦。他又快又稳地拔掉了这根刺，并按住肿胀的地方试图阻止鲜血流出。从疼痛中得到缓解，狮子静静地躺在了安德鲁克斯的脚旁，左右摇摆着毛茸茸的大尾巴，就像一只狗欢乐和满足的时候表现出来的样子。

从那时候起，安德鲁克斯和这只狮子成了忠贞的朋友。狮子在他的脚边躺了一会儿，舔了舔它那可怜的受伤的爪子，站起来一瘸一拐地离开了石洞。几分钟以后，狮子回来，嘴中叼着一只死去的兔子，它把兔子放在安德鲁克斯面前的地上。一直饱受饥饿的可怜人随便把兔子烤熟并吃掉了。晚上，狮子带着安德鲁克斯来到一处有泉水的地方，那里的泉水缓解了他的干渴。

就这样安德鲁克斯和狮子在石洞中一起生活了三年，白天他们在森林中一起漫步，晚上在一起睡觉。与森林中的环境相比，石洞冬暖夏凉。

但是，在安德鲁克斯心中，他越来越希望与伙伴们再次生活在一起，这种愿望变得如此强烈，以至于他觉得再也无法在森林中待

下去了。但是那意味着他必须回到城镇，冒着被当作逃跑的奴隶抓住并被处死的危险。他在一天早上离开石洞，朝着他认为的海和城镇所在的方向摸索前进。但几天后他被一队士兵俘获了，他们当时正在乡下搜寻逃亡的奴隶，他被套上了铁链，当作囚犯送往罗马。

他被关入监狱，罪名是企图从主人那里逃跑。被宣告有罪之后，作为惩处，在第一个公共假期，他将在罗马的角斗场被野兽撕碎。

那天，安德鲁克斯从监狱中被带了出来，他穿着简单的短袍，右臂上裹着一块围巾。他得到了一支矛用来自卫——通常这是孤注一掷的——因为他知道，他不得不与一只强大的狮子进行搏斗，而这只狮子好几天没有进食，会变得更加残暴和冷血。当他进入角斗场，走进大竞技场内，四周传来成千上万观众的呼喊声，他能够听到野兽在他所立的竞技场之下的笼子里发出狂怒的咆哮声。发出信号之后，竞技场内突然安静下来，装有狮子的笼子被打开了，观众们沉默地等待着要与安德鲁克斯搏斗的那只狮子冲出来。片刻过后，伴随着狂暴的吼叫，狮子一跃而起进入竞技场，冲向瑟瑟发抖的安德鲁克斯。但是当看见安德鲁克斯之后，狮子突然站住了，显露出惊奇的样子。然后它快速地、安静地走近安德鲁克斯，温柔地摇着尾巴，舔着他的手，讨好着他，在他面前就像一只大狗一样温驯。安德鲁克斯呜咽着拍拍狮子的头，因为他知道这就是他的那只狮子，他们在一起共同生活了好多年。

看到安德鲁克斯与这只狂野的野兽这种奇怪又令人吃惊的相会，所有的人都惊呆了。皇帝从角斗场高处的看台上召唤安德鲁克斯，要求他讲述他的故事，并解释这桩神秘的事情。听完安德鲁克斯的故事以后，皇帝很高兴，释放了安德鲁克斯。从那时候起，安德鲁克斯变成了一个自由人。皇帝赏赐给他一些钱，并宣布这只狮子属于他，无论他去哪里，狮子都跟着。

当罗马的人看到安德鲁克斯与忠诚的狮子走在一起，他们都会指着他说："这就是那只狮子，它是那个人的客人。那个人是狮子的医生。"

点评：

人类与动物之间的联系密切且温馨。安德鲁克斯与狮子相逢于危难之时，当狮子有困难时，安德鲁克斯伸出援助之手。命运的齿轮把他们带到一起，人与动物的感情就是这样，曾经的感情大于天，即便是对手，他们依然握手言和，成为彼此生命中不可或缺的伙伴。他们的关系给我们带来启示：朋友之间要从始至终地信任、相助！

好狗杰克

导读

英雄杰克在很小的时候被收养，它与作者一家相处愉快，互相信任。一天，当一位叫“梅”的小女孩面临危险时，杰克会做出什么样的举动呢？

英雄是我家的狗，我们觉得它是这世上最好的狗。

当它还是一个小家伙的时候我们叫它杰克。杰克叔叔走的时候把它送给了我们。

他说：“孩子们，它是你们的新玩伴。我必须要出海，未来很长一段时间既不能跟你们一起玩，也无法继续照顾你们。”

“你们要是愿意，可以让这个叫杰克的小伙伴代替我跟你们一起玩，也帮我照顾你们。”

杰克就是这样做的。当我们在外边玩耍的时候，它总是陪着我们。我们去林子里摘花，杰克也一起去。

我们买牛奶的时候，杰克一直跟着跑。我们去学校，杰克也去，它会躺在门口等我们放学。

大家都喜欢杰克，但是杰克最喜欢我们。

要是别的小男孩逗杰克玩，假装伤害我们的时候，杰克总是紧紧地贴着我们，冲他咆哮，直到他害怕了，不再跟我们开玩笑。

“乖杰克！好狗狗！你在我们身边我们很安全。”我们总是拍着它的头这样说。

但是我一定要跟你们讲为什么后来叫它英雄。

梅那时候还是个幼童，她在院子里玩儿，我和海伦照顾她。过了一会儿我们开始玩捉迷藏。

梅当然跑得不快，但是她也想跟我们一起玩，因为我们做什么她都感兴趣。

她在我们身后东倒西歪地走，但我们跑得那么快，跑出了她的视线。在我们意识到之前，她就找不着我们了。

之后我们不知道发生了什么事情。

梅东倒西歪地走到马路上，试着去追我们。她没看到马车正从路那头朝她飞奔而来。

她只注意到海伦和我从她的视线里消失了。

马群一路狂奔！这是我们家的马车，爸爸抓着缰绳，但是马群因为恐惧而发狂，爸爸也无法指挥它们。

这时候他看到梅站在马路中央。他大声冲梅嚷，让她快跑。但是梅吓呆了，站在路边一动不动地往上看。

马蹄就要踩到梅，但附近没有谁向她伸出援手。

杰克听到喊叫声，看到梅站在那里，它一跃而起冲向梅。

它跑到了路中央，用牙齿叼住了梅的裙子，使劲儿把她拖离马路。

马车经过的时候车轮刚好碰到梅的裙子。

马跑到牲口棚，然后停住了。爸爸一跃而起，跑回去找梅。

除了受了点儿惊吓，被吓哭以外，梅安然无恙。

勇敢的老伙伴杰克站在她身边，舔着她的手，就像试图安慰她一样：“不要害怕，不要哭，我在你身边。”

现在你明白我们为什么给杰克改了名字。杰克叔叔说我们应该叫它英雄，因为它救了梅的性命。

没有人责怪我们跑开丢下梅不管，但是海伦和我多么希望自己像英雄那样忠实可靠！

点评：

动物对人类的感情永远是最纯真最有爱的。而狗狗，作为人类最亲密的伙伴，在人类朋友需要时总是第一个冲在最前面，有时不惜牺牲自己的生命。作为人类，请好好善待我们的动物朋友！

狮和猎犬

导读

一只小猎狗被丢进狮子的笼子里，狮子并没有把它吃掉，而是与它分享着食物，倾注着对它的关爱。两只动物成为好朋友，直到有一天，小猎狗因患疾病死去，狮子守着伙伴的尸体，五天不进一餐，直到自己也失去生命。

大家都在谈论塔里的那只大狮子和小猎狗以及它们的友谊，所以我们也来讲讲它们的故事。

笼子里面关了一只野兽，这是国王的狮子。狮子不停地从空间狭小的笼子的一头走向另一头，来回踱步。陪伴着它的是一只小且美丽的黑色猎犬，欢快地围着它耍闹。一会儿猎犬假装咆哮着咬狮子，一会儿这只威严的动物会低下头来，显露出一种溺爱的神情，而这只小小的动物舔着狮子可怕的爪子。饲养员向我们讲述了它们之间的故事。

如果不愿意付六便士，作为交换，则需为饲养员带来一只狗或一只猫，这是一个所有人都需遵循的习惯。一个残忍的小伙子在街上抓住了这只娇俏的黑色猎犬，把它扔进了狮笼里。这头小动物因恐惧而颤抖，它肚皮朝上，伸出舌头，收起爪子，似乎在乞求怜悯。

与此同时这只傲慢残忍的野兽没有像惯常的那样吞掉它，反而冷静好奇地打量着它。狮子用一只爪子把猎犬翻过来又翻过去，用鼻嗅着，似乎想要进一步地了解它。

饲养员看到此番情形，把一大块食物扔给了狮子，但是狮子丝毫不关心，也没有吃扔过来的东西，它一直注视着这只狗，似乎在邀请它与之共食。最终，这只小猎犬克服了恐惧，或许食物的味道激起了它的口腹之欲，它颤抖着冒险去吃食物。狮子于是温柔地走近并加入进来，它们一起友爱地吃掉了食物。

从那天起这两只动物结下了最亲密的友谊，狮子给予了全部的蜜意与柔情，猎犬得到最大的信任与勇敢，因此它愿意在狮爪下而眠，愿意卧在可怕的保镖的爪子底下。

一位绅士丢掉了猎犬，他宣布愿意为捡到猎犬的人支付两个

畿尼。他终于听说了猎狗的经历，于是去索要他的狗。看守人说："先生，您也看见了，如果隔断这份友谊，多么令人惋惜。然而假如您坚持要求物归原主，您不如自己从狮子那里取回您的狗。即便给我500个畿尼，我也不会这样做。"绅士当然拒绝了与狮子决斗的提议。

一年后，这只小小的猎犬生病死掉了，留给它的守护者无尽的凄凉。有一段时间，狮子似乎相信它的宠物只是睡着了。它不停地闻着猎犬的身体，用鼻子拱着，用爪子把它翻过来。

但是所有的努力都无法唤醒这条狗，它沿着笼子的一头走向另一头，步子踱得飞快，心神不安，走走停停，停下来定定地、无力地凝视着，然后抬起头，张开可怕的喉咙，发出一声咆哮，叫声数分钟不绝，如同远处轰鸣的雷声。

人们试图把猎犬的尸体弄走，但是根本不可能，狮子一刻不停地看着猎犬，不允许任何人碰它一下。看守人试图用不同的食物诱惑它，但是狮子都极其嫌弃。然后人们把几只活着的狗扔入笼中，它立刻把这些狗撕成碎片并留在地上，碰都不会碰。

它用爪子拍着木板，把木板撕成碎片，借此宣泄怒火，接着抓住并晃动笼子的栅栏，直到笼子几近拆毁。当精疲力竭的时候，它伸直身子，挨着它朋友的遗体，用爪子聚起来，再次搂住了它的朋友。在此期间，它发出悲痛的嚎叫，哀悼它的小伙伴，它唯一的朋友，它在这世上唯一的伙伴。

五天过后，它总是不肯进食，悲伤也没缓解，于是它越来越衰弱。最终在一天早上，人们发现它死掉了，它的头温柔地垂在小伙伴的尸体上。人们把它们葬在一起，在它们的墓前，饲养者及家人们流下了许多悲伤的眼泪。

点评:

前不久，小黄狗泼水救鱼的视频同样打动了很多人。文中的狮子与小猎狗的情谊更是令人潸然泪下。动物之间的情感往往更能使人震撼，因为它们的感情不掺杂任何利益因素。纯净的友谊是能打动人心的。

法官与甲虫

导读

聪明的法官因为受人民爱戴，被暴戾又爱嫉妒的国王投进监狱。法官对来探望他的妻子说，请为我准备一只黑色的活甲虫以及一块黄油，拿一卷上好的丝线、一卷粗线和三分之一粗的鞭绳。这些东西能帮助法官逃出监狱吗？

从前在亚洲东部有一位聪明的法官，他常常解救百姓于苦难之中。他耐心地听他们说话，并靠自己的智慧帮他们解决困难。有一次靠着智慧他救了自己的性命。我会给你们讲述这个故事。

这个国家的统治者苏丹，是一个非常苛刻、残暴、不公的统治者，一心只顾自己享乐，而不管百姓的福祉。

当苏丹知道人民热爱法官的时候，他非常生气。他派士兵把法官投入监狱，关在高塔里度过余生，以此作为对他的惩罚。

法官被关在那里好几个月。有一天晚上，当透过狭窄的窗户，他看到可怜的妻子在塔脚下哭得非常伤心。

法官轻轻地对她说："我的爱人，不要哭泣，假如你按照我的吩咐去做就能救我的命。回家找一只黑色的活甲虫以及一块黄油。拿一卷上好的丝线、一卷粗线和三分之一粗的鞭绳。然后把这些东西都拿来给我。"

他的妻子急匆匆地按照他的吩咐去准备。不一会儿她返回高塔脚下，带来了他所安排的一切东西。

她的丈夫在高塔的窗户前等着她。

他说："现在听我说。把黄油抹在甲虫的头顶，并把丝线的末端系在甲虫的身子上。然后把它放在高塔的墙上，要把它的头摆正朝上。"

妻子按照法官的要求照做了。甲虫闻到了头顶上黄油的味道，认为黄油就在高塔上。所以它快速向上爬，希望找到这一美味。

法官焦急地等待着，他亲爱的妻子在高塔脚下祈祷着。

甲虫确实爬得很有规则，丝毫没有想到自己的身上担负着多么重要的责任。最终它爬到窗架上。

等候的囚徒抓住了受欢迎的拜访者，并把丝线从甲虫身上解开。然后他把丝线系在自己的手腕上，喊他的妻子把那一卷粗线系在丝线另一头。当另一头紧紧地打好了结，他静悄悄地把这卷粗线拉上来。然后又用这卷粗线拉上来鞭绳。

他在高塔里借助鞭绳安全地滑落到地面上并逃走了。

你能想象一只小小的甲虫竟然救了一个人的性命吗？

点评：

法官面对无妄之灾，能够冷静面对，根据自己的经验与对事物特性的了解，找出解救自己的方法。甲虫、线绳，看上去不相干的东西，在聪明的法官那里成了救命的武器。当我们遇到困难时，也应该开动脑筋，去想办法，而不是“坐以待毙”。

黑美人

导读

这篇文章节选自安娜·施维尔的名著《黑骏马》，“黑美人”是一匹漂亮的优种黑马，性格温驯、善良，而且聪明、机智，主人非常喜欢它。但是好景不长，主人家里有了变故，黑骏马不得不被卖掉，从此尝尽了人间的甜酸苦辣。

我被卖给一位玉米经销商，他同时是一位面点师，杰里认识这个人，他认为我在这里应当吃得好、干活儿合理。一开始他说的确实是对的，假如我的主人像过去一样总在地里，我就不会负载过多重物。但是有一个工头总是急匆匆地赶着大家，渐渐地，我身上负载了许多东西，他依然命令再加上其他东西。驱赶我的马车车夫名字叫杰克斯，他总说我搬的东西太重，但是其他人总是驳斥他说：“一次能运走的东西要运两次，那这匹马太没用了。”所以他选择照安排来。

像其他车夫一样，杰克斯总是举起缰绳，不让我慢腾腾地拉车，那时候我在那里已经三四个月了，我发现拉车的活计讲究的是力气。有一天，我承担的负担比以往重，而且有一段路是一截陡坡。我用尽全部力气，但是爬不上去，几次三番不得不停下来。车夫很不满意，他重重地挥舞着鞭子叫道：“快点儿，你这懒骨头，要不有你好看！”

我再一次拉着重物，挣扎出几码路，鞭子又一次打在我的身上，我只能继续奋力向前。鞭子落下，这种疼痛火辣辣的，但是我的感情像马鞭落下的地方一样疼。当我用尽全力，依然被车夫惩罚与虐待，我伤透了心。杰克斯再一次残忍地鞭打我的时候，一位女士快步走到他面前，用甜美的嗓音与认真的语气对他说：“哦！请不要再鞭打这匹好马，我相信它用尽了全力，路这样陡峭，我相信它拼尽了全力。”

杰克斯说：“假如它用尽了全力，不会爬不上这道坡。女士，我认为它必须得更加努力。”

她问：“它的负担难道不重吗？”

他说："对，非常重。但那不是我的责任，我们就要走的时候工头刚好来了，为了自己省事，在它身上多加了三百担的重量，我只能照安排行事。"

当他再次举起鞭子的时候，女士说："请不要这样。假如你愿意，我觉得我能帮助你。"

车夫笑了。

她说："你看，你没有给它一个公平的机会，它无法用尽全力，它抬不起头来，只能忍着脖子上的缰绳。假如你愿意放下缰绳，我相信它会做得更好。"

杰克斯笑了一声："好啊，好啊，当然需要让女士开心。"

"静一下，让它完全自己爬。"

缰绳拿开了，我立刻把头垂到膝盖旁。多么舒服啊！然后我上下不停晃动头颈，缓解颈部的僵直与疼痛。

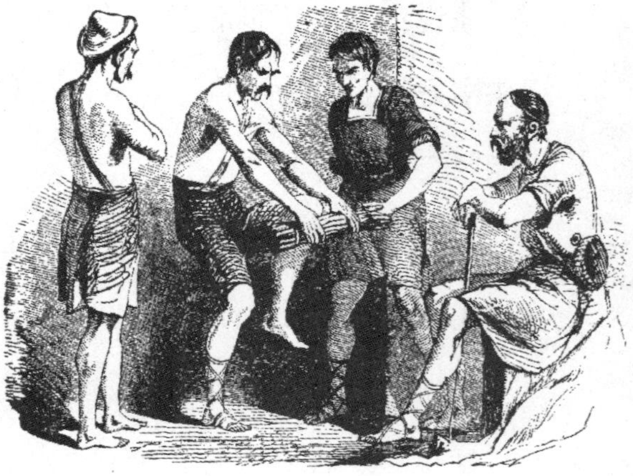

“可怜的家伙！这是你想要做的事情吗？”她一边说，一边用手拍着我，温柔地安抚我。她接着对车夫说：“如果你能对它和善些，领着它，我相信它能表现得更好。”

杰克斯拿着缰绳说：“黑美人，加油。”我把头垂下，用尽全部力气，轭具磨痛了我的肩颈，我不惜一切力量。重担开始移动，我稳稳地拉过了上坡路，然后停下来喘口气。这位女士沿着小路走了上来，来到路边。她轻抚着我的颈部，我好像好久没有被人轻轻地拍过了。

“你看，当你给它机会，它心甘情愿。我肯定这是一只性情良好的动物，我敢说它一定知道那些好日子。你不要再举起缰绳了，好吗？”这位女士这样说，因为杰克斯正要延续旧办法。

杰克斯说：“女士，我不否认让它自己爬有利于爬过这道坡，下次我会记住的，谢谢你。但是假如它回去颈上没有控缰，我会成为所有马夫的笑柄。你要明白，这是一种习惯。”

她问：“与其延续一种差的习惯，不如倡导一种好方式，这样难道不好吗？现在许多绅士已经不采用颈上控缰的方式了。”她接着以非常严肃的声音说，“如果没有正当理由，我们没有权利让任何上帝造出来的生灵遭受痛苦。我们把它们称作哑巴牲口，确实如此，因为它们无法说出它们的感觉，但是正因为它们不能讲话，它们所受的痛苦就会少一些吗？我并非想耽搁您，我很感激对待这匹良马，您愿意采纳我的意见，我相信您会发现我的意见远远比马鞭更有用。祝您日安。”说完这番话，她温柔地拍了拍我的脖子，轻快地离开了马路。我再也没有见过她。

杰克斯自言自语地说：“她是一位真正的淑女，我非常感激。她对我讲话很礼貌，就像我是一位绅士一样。在爬坡的时候无论如何，我会采纳她的方法。”我不得不说，他让我的缰绳松了几个扣，并且自那以后经常让我自己爬坡，但我身上的重负依然如故。

点评：

这是公认的描写动物最成功的小说。在文章中，“黑美人”以第一人称向我们倾诉了自己一生的遭遇，揭示了人性的善恶美丑，同时从侧面为我们展示了一幅不断变化的19世纪英格兰生活的画卷。作家以亲切的话语、朴实无华的风格，启迪出一条道理：世人应该理解、同情并善待马匹，因为它们是人类的朋友。

人类最好的朋友

导读

要问人类最好的朋友是什么？答案毫无疑问是“狗”。狗是人类最早驯化的动物。因性情较为温和又十分有用，所以一直被原始人当作地位最高的家畜。现在，狗又起到了侦捕的作用，时至当代，狗又成为人类的情感寄托——当起了宠物。

现在人类越来越把自己的宠物当成皇室贵族。如果你认为给宠物狗穿件毛衣或一双鞋子是件奢侈浪费的事情，那么在寒冷的冬天不给宠物狗穿外套就会被认为是虐待动物的行为。大型宠物店不仅是人类惠及各种宠物狗的地方——饲养宠物本身已经成为一种行业。

这一点从宠物衣物、宠物出版物、宠物娱乐等具有重要代表意义的几个行业不难看出。那么，人类是如何变成今天这个样子的呢？

考古学家在美索不达米亚发现了公元前6500年间驯养狗的文化证据，在现在的北美地区发现了公元前8300年间驯养狗的文化证据。简言之，在很早以前狗就分布在了世界各地，且已经成为人类驯养的动物。一些历史学家认为狗成为现在这种样子是10万年前的事情。很多历史学家推测第一只驯养的家狗大约出现在1.5万年前。由此可见，早在很多年前，人类就已经意识到饲养狗的重要性。

尽管历史上人类饲养和驯养狗有很多原因，但其中一个主要原因是：狗在古代可以陪伴人类去狩猎。狗的敏捷和嗅觉直到今天还在帮助猎人捕捉猎物。同时狗还是人类的保护者，其主要职责是守在住宅门口或人多聚集的地方，吓走潜在的强盗和坏蛋。

相比之下，从18世纪起，狗就不再充当诸如猎手或警卫这种非人性化的角色，而更多的是被当成玩伴和家庭成员。在启蒙主义的启发影响下，一种把所有个体都看成是平等的社会成员的社会哲学应运而生。人类对狗的态度变得更加人性化。狗经常因其忠诚和奉献而被人类称道。早在1855年，就有很多人暗示美语里“人类最好的朋友”已经成为一个家喻户晓的术语。从此以后，狗越来越多地扮演人类宠物的角色。根据美国宠物产品厂商协会的统计，美国现在39%的家庭至少养有一只宠物狗。

鉴于人类饲养狗已有这么长一段历史，无怪乎人类把狗越来越当作自己的家庭成员。想想狗在我们生活中扮演的不可或缺但又没有被充分重视的角色——它们不仅是我们的宠物，我们最好的朋友。它们同样是执法人员、消防人员不可或缺的助手，也是视力障碍者的导航助理。尽管狗很可能被看作是种懒惰的宠物，但实际上，它们的功能远不只如此。四处看看，你不难发现狗在现在社会中发挥的重要作用。所以，假如它们也有自己的旅馆，自己的疗养浴场，将会是什么样子呢？——难道它们不值得拥有这些吗？

点评：

古今中外，人类与狗狗的情感故事不胜枚举。狗似乎是忠诚、忠心、不变心的代名词。狗狗始终忠诚地守护着人类——而这些，正是人类社会最为需要的。

美洲豹

导读

美洲豹因饥饿而发狂。仅有的猎物大部分被母豹吞掉了，因为要喂养那些眼睛未睁开的幼兽，它们周边的食物匮乏，只有到拓荒者的周围寻找食物。它们遇到了一名独自在家的男孩，而另一边，一名猎人正在悄悄靠近。

峡谷的一侧一片漆黑。柔和深沉的夜色让人想起厚厚的叶子。沿着山坡望去可看见绵延的树冠，一轮黄色的满月从树冠之上冉冉升起，在这片无人践踏的古森林中生长着古松和铁杉。月光从静止不动的山坡上照射过来，奇妙地照射在对面山坡的上半截，峡谷的西坡光秃秃的一片，不同于周遭，而是布满了突起的巨型岩石以及长势不好的杜松。在这片萧条的暗夜中，从峡谷谷底一侧传来因河道受阻而涨水的小溪发出的哗哗流水声。

月光照在峭壁底部，峭壁上有一块白色长条岩石，一只巨大的美洲豹从岩石后面的阴影里悄悄地走出来。白天，它的皮毛显现出一种温暖的黄褐色光泽，在月光半掩的晚上，充满魔力且褪色的月光照射在它的皮毛上却显出一种让人产生幻觉的灰色。它抬起了光滑圆润的头凝视着越来越皎洁的月光，然后发出一声尖锐的嚎叫，交织着悲伤和警告，就像文件下方的严正声明。它发出这声嚎叫是为了召唤伴侣，告诉它寻找猎物的时间到了。母豹子正在岩石后面的兽穴中给幼兽哺乳，没有迅速回复。只有一对把巢筑在一株高大的冷杉树上的乌鸦，飞过峡谷发出粗劣嘶哑的声音表示恼怒。过去三个夏天，它们的巢一直筑在同一个地方，在晚上总被唤醒，只能用同样嘶哑的抱怨发泄不满。

这只豹子焦躁不安来来回回地走着，它沿着阴影的边缘移动，每踱六步换一个方向，它睁大两只发出绿色幽光的眼睛看着冉冉升起的月亮。一条强壮的尾巴焦急地抽来抽去，但是没有任何声响。不久之后令人晕眩的洁白的月光沿着峭壁铺洒开来，照在了白色的岩石脚下，也照在了被拖拽到那里并吞食掉的一只鹿的鹿骨和鹿角上。

这时候幼兽进完食，母豹子已经做好了准备，因为猎食必须在母豹子开始感到饥饿之前完成。现在母豹子也变得凶残起来，希望能够进食。它灵活地走入月色当中，抬起头对着月亮发出跟公豹子一样可怕的嚎叫。乌鸦再次发出粗劣嘶哑的声音。这两头野兽无声无息地爬过峭壁，潜入覆盖在高原上的那片森林的暗影中。

这对美洲豹因饥饿而发狂。过去两天，它们几乎一无所获，仅有的猎物大部分被母豹吞掉了。要不是需要喂养这些眼睛未睁开的幼兽，谁愿意像母豹子那样忍受食物的匮乏？不久前殖民地的拓荒者进入这片古老的森林，他们追逐着鹿和其他小一些的猎物。这对美洲豹夫妇也忍受着强烈的饥饿，决定在这个晚上共同捕猎。它们打算偷袭睡梦当中的拓荒者，猎杀他们的羊。

在漆黑浓密的森林里，月光洒落在树影下，两只美洲豹静悄悄

地飞奔。一截干枯的树枝不时地被两只脚步轻盈、小心谨慎的美洲豹所踩断。有时候它们发出窸窣的声音，矮树丛中受到惊吓的美洲小燕或五子雀发出叽叽喳喳的叫声。大约过了一个小时，两只美洲豹依然静静赶路。在明亮的月光下，不时可以看见两个灰色的影子蜿蜒前行。突然它们竖起了耳朵，在一片寂静的北方森林中，一个微弱的声音从远处传了过来。这两只美洲豹停下来抬起头。这是一个孩子的哭声——哭声拖长，音调很高，充满绝望，就像没人能够安慰他一样。两只美洲豹偏离了原来的路线，朝着声音传来的方向飞奔而去。它们还没有来到住宅区外围，但是它们知道在浓密的森林当中，在距郊区的一英里之处有一座孤独的小屋。

前天中午，这间孤独的小屋里还有人。屋子的主人是一个得过且过的人，终日把大把时间花在三英里外的一家隐蔽的酒馆里。然而屋主突然对自己生活的土地产生厌恶，于是带着他七岁的儿子离开，前往一个更加懒散的地方。以前在漫长又孤单的日子里，当父亲去酒馆喝酒，小男孩总找邻居家的小孩儿玩耍，五个夏天以来他们没有其他玩伴。邻居是一位成功的拓荒者，在一片宽阔且耕种良好的土地中央他有一栋坚固的木房子。虽然并不是经常如此，但是他年幼的孩子会穿过一片有着崎岖小路的树林去找他那个可怜的且声名狼藉的小伙伴。这个五岁的孩子从大一点儿的那个孩子那里学到很多令人讨厌的话，因为他几乎没有什么机会听别人跟他说一些受人欢迎的话。令这两个孩子悲伤的事情发生了，木房子的主人最终下令让他们结束彼此的友谊。

因此在来小屋之前，小男孩不知道他的小伙伴已经离开。因为热切地希望找到伙伴，他在傍晚时分悄悄溜走，带着无尽的担忧走过荒凉的林间小路，到了小屋以后才发现里面空无一人。门上的皮铰链大开。那间屋子中仅有的几件劣质家具也不见了。看了看快要散架的鸡棚里两只发狂的、凶狠的鸡，孩子坐在用斧头砍出来的门槛上，他完全不明白这是怎么回事，于是悲伤地啜泣起来。然后他看到这片空地上的影子越来越长，恐惧开始萦绕于心底，他不敢往回走。暮色降临了，瑟瑟发抖的孩子爬到已经关不上门的小屋中。夜色越来越暗，他蜷缩在屋子最里面的角落，恐惧和孤单让他感到绝望，凄惨的哭声越来越大。他哽咽着，可能有些呼吸困难，在无边的寂静当中很难听到是否有人或什么东西前来。接着又听到了孩子刺耳的哭泣声，在不可预知的黑夜中令人震惊，哭声穿透了浓密的森林，甚至传到了那些巨大的野兽耳中，它们纷纷前来寻找上帝赐予的食物。

孤零零的小屋与公路上的移居地有一些距离，大概四分之一英里。沿着这条大路，一个男人疲倦地迈着沉重的脚步。他整日都在

走路，现在离家越来越近，怀着对休息的期待，他的脚步开始加快。他的肩上背着一把双筒猎枪，早上在镇上买的一捆必需品挂在枪上。这是那个有一栋木房子的成功的拓荒者。

拓荒者穿过了通往小屋的林子口，然后大概走了两百米，这时候林子中孩子的哭叫声传到了他的耳朵中。他停下来，把自己背上的东西放在地上，竖起耳朵看向声音传来的那个方向。这时候两只美洲豹也停下来竖起了耳朵倾听。它们的耳朵比人类的耳朵更敏锐，它们从很远的地方就听到了孩子的哭声。

这时候拓荒者辨别出哭声传来的方向。他记起了那座小屋，但是他不知道小屋的主人已经离开。他打心底鄙视那座小屋里醉醺醺的房主，连带着对那个孩子也没有多少好感，尤其还是他孩子的玩伴。尽管如此，他还是有些犹豫是否继续赶路。

他愤怒地轻声低语："可怜的小东西！我想他那糟糕透顶的爸爸一定已醉倒在酒馆，他因为孤单而哭泣。"然后他重新背起了自己的东西，继续赶路。但是孩子的声音越来越高，也越来越刺耳，充满了哀求，拓荒者又一次犹豫不决地停下来，心里充满深深的愤怒。他能想象得出他的妻子已经准备好热气腾腾的晚饭，等着他回来。他极其厌恶地往回走，然后跌跌撞撞地走了四分之一英里路，穿过林间的树桩和泥塘。他的脚很疼，他也很饿，他认真地诅咒那个游手好闲的房主。孩子的哭声让他无比讨厌，也无法继续前行。他想起了自己的孩子，一想到如果自己的孩子也处于这样的情形，他的心立刻就软了。他掉转头，把身上捆的东西扔到灌木丛后边，抓起了枪，加速返回小屋。

他对自己说："谁知道呢，那个醉酒的白痴有没有在那个可恶的房子里给他的孩子留口吃的？或许被关在外面了，那个可怜的小家伙被吓得半死。听声音他好像很害怕。"想起这些，拓荒者继续加快脚步。

当饥饿的美洲豹靠近小屋，孤单的孩子的哭声越来越清晰，它们加快了脚步，眼睛睁得又大又圆，泛着绿色的幽光。有一种看法理所当然地认为所有野兽都是残忍的。但它们的残忍只不过是受到饥饿与生存的热切驱使。它们不会凶残地抢先挑起争斗，因为它们知道这是一个孩子的哭声，而且它们从中能够判断这个孩子正孤身一人。它们绝非惯常描述的那样可怕或者躁狂。它们只不过是为了生存，靠着与生俱来的力气、狡猾以及非同寻常的速度，寻找便于它们捕获的食物。成功地捕获猎物靠的是自然的巧妙构造，不仅是为了延续它们的生命，更是为了需要它们保护且什么都看不见的幼兽，此刻幼兽们在洒满月光的峡谷的斜坡处的山洞里呜咽着。它们穿过一片潮湿的桤木丛，轻轻跃过破败的灌木篱笆，停下来侦察月光之下的这片空地。这时候拓荒者也出现在空地对面的林间路上。他看见了这两只巨大的野兽将头俯下，鼻子嗅着，朝着小屋大开的门移动。

片刻之间，孩子似乎安静了下来。现在他的哭声又响起，非常可怜，夹杂着孤独与恐惧。哭声让拓荒者的感情为之一动。他想起了自己的孩子，现在他在家中与母亲在一起，他甚至不会将经历此番危险的念头安插在他的孩子身上。而这个小孩儿却被留在这里！

拓荒者一只膝盖跪在地上，一只胳膊架着枪瞄准目标，喃喃地说道："感谢上帝！感谢上帝我来了！"与来复枪的枪声不一样，他的枪声不是清晰的爆炸声而是一声巨响。枪声过后，母豹子被击中了腰部，身体倒在了地上，狂吼着，前爪抽动着。

公豹子围着母豹子来回地走，凶猛焦虑又感到惊愕。烟冒出来的时候，它看到了拓荒者单膝跪地射出第二枪。发出一声尖锐的怒吼，这个灵活自如的动物纵身一跃跳向拓荒者，一颗子弹正好射入它的胸腔，而它似乎不知道自己被袭。拓荒者还没来得及迅速换上另一颗子弹，美洲豹已经扑向了他，把他扑倒在地，锋利的尖牙咬住了他的肩膀。拓荒者一声不吭，不顾一切地把他强健的手指伸到美洲豹的喉咙上，用劲一拧，他的半个身子摆脱了这只豹子，然后挣扎着站了起来，豹子的尸体同时瘫倒在地，拓荒者对其置之不理。

这场短暂且可怕的较量令他颤抖，肩膀上冒出大量的血，拓荒者走进小屋的门，往里面瞧。听到黑暗之中传来的哭泣声，他说："孩子，别怕，我带你回家。可怜的小伙子，我会照顾你，假如你的家人做不到的话。"他的语调令人感到宽慰。

从黑暗的角落里传来一声喜悦的欢呼声，这个声音几乎让他的心脏都停止了跳动。孩子说："爸爸，爸爸，我知道你会来的。天黑了的时候我非常害怕。"然后，一个小小的身子投入了他的怀抱，抓着他浑身颤抖。拓荒者坐到门槛上，把孩子贴到胸口。他想起来自己差点儿忽略掉这个从遥远的地方传来的哭泣声，想到这里，冷汗从他的额头滑落下来。

之后几周，拓荒者沿着新踩出来的脚印寻找一头咬死他的羊的熊。他循着熊的脚印终于来到一个幽深峡谷的斜坡处，从谷底一侧传来因河道受阻而涨水的小溪发出的哗哗流水声。在峡谷当中，他发现一块大白岩石背后有一个较浅的洞穴。这显然是一个野兽的巢穴，他谨慎小心地走了进去。洞里零散地有一些骨头，在洞穴最深处的角落里铺着一层干草，干草上面，他看到两只美洲豹幼兽的尸体。

点评：

查尔斯·乔治·道格拉斯·罗伯茨笔下的动物世界是一个体现动物情感、价值和生命意义的世界，以动物的视角给人类以感动和反思！动物世界是一个毫不闭塞的通途，通向我们温柔的内心世界。以一种同理心去阅读动物故事，我们眼前的这个世界就会更加宽广，更加充满仁爱精神。

鸟巢的悲剧

导读

哈德逊河附近地区好像不适合鸟类繁衍后代，春夏之际对于鸟类来说更是一个灾难性的季节。它们将面临着其他动物的袭击与天气的侵扰。文章通过“我”的观察会发现什么呢？

我生活的哈德逊河地区或许极其不适合鸟类繁育后代，因为鱼鸭和红松鼠的数量庞大。据我观察，春夏之际是这个地区对于鸟类最倒霉的季节，鸟巢的幼鸟孵化十有八九会失败。对我们长羽毛的邻居来说，这是一个充满灾难的季节，这是一个暴力死亡的季节，也是一个掠夺和屠杀的季节。

我头一次注意到金莺筑的鸟巢并不安全。三窝雏鸟在离房子只有几码的苹果树上开始生长，之前的季节鸟儿在那里筑巢完全不会受到骚扰，但这一次雏鸟长到一半的时候就已全部夭折。它们叽叽喳喳地叫着，跳跃着，头一天还非常引人注目，第二天突然就听不到了。鸟巢或许是在夜晚遭到洗劫，无疑是红色长耳小鸮干的，因为这种鸟也把巢安在老果园中的树洞深处。猫头鹰飞落在鸟巢上，轻而易举地用凶猛的爪子伸进狭长的鸟巢中，把雏鸟拉扯出来。雏鸟的夭折给鸟巢徒增悲剧。雏鸟要么努力逃脱，要么在被捕获的同时，被维系鸟巢与树干的马鬃给缠绕住，就那样挂在那里死掉了，死在了育鸟巢里。

在那个季节我注意到两个鸟巢，一个是黑喉蓝背雀的巢，一种是橙尾鸲莺的巢，橙尾鸲莺的巢在离我夏日避暑的村舍几米远的苹果树上，在那里我懒散地度过无数夏日。这种活泼的小鸟猛然冲了过来，

掠过空中，在我发现它们鸟巢的前一个星期就已吸引了我的注意。它们很可能是在清晨的时候搭筑鸟巢，因为我从来没有见过它们用鸟喙衔着东西。从它们的飞行来猜测，鸟巢一定是在附近的一株高大的枫树上。我爬上树去仔细探寻它们的鸟巢，尤其认真地观察树枝分叉处，因为权威人士说这些鸟的鸟巢就在那里，可是我没有找到。确实，通过搜寻找到鸟巢怎么可能呢？我看得太远，鸟巢就在离我很近的地方，几乎就在我的鼻子下面，我并非通过寻找发现的，而是想着其他事情的时候眼睛不经意一瞥就看到了。当我的眼神离开书本的时候，我看到这只鸟正好栖息在鸟巢上。它的鸟巢筑在一段多节且水平生长的苹果树的长树枝末端，被叶子遮挡得严严实实。鸟巢里有三枚蛋，有一枚蛋已经不能孵化小鸟。剩下两枚蛋在迅速发育，第二周一开始就破壳而出，但是一只雏鸟第一个晚上就被什么东西吃掉了。另一只可能长得很快，过了几天就与父母一起从附近消失了。

蓝背雀的鸟巢离地面不到一英尺，这种鸟把巢安在卡茨基尔山中的一小片低矮、稠密的灌木林里，这片林子长满铁杉、山毛榉和枫树，林子结构深大且复杂，栖息的鸟儿隐藏于其中，只能看到鸟喙和尾巴。我偶然发现鸟巢的那天，天气寒冷有雾，雌鸟本能地知道四只未孵化的鸟蛋没有掩盖，哪怕暴露一刻无疑也是不明智的。当我坐在鸟巢附近的时候，雌鸟变得非常不安，它突然从树枝上掉落，然后在地上拖拽着双腿，就像受伤一样，它诱骗我离开的企图没有实现，它决定靠近鸟巢，在我所坐的十米远的位置，半是胆怯半是怀疑地遮盖着它的蛋。

为了记录它的孵卵方式，我数次打扰它。它的神情与行为甚至显现出哀求的样子，它会守着鸟巢里几枚珍贵的蛋，直到我伸出去的手离它只有几米远。最后我用一片干枯的叶子盖上了鸟巢的洞穴。这一次它没有用鸟喙移开叶子，而是灵巧地把头猛戳下去，把这片叶子抖落到地面上。它的一些受到感应的邻居被它的惊叫声所吸引，飞过来对着我这个入侵者发出叽叽的叫声，然后飞走了，但是雄鸟一直没有出现。我并不知道这个鸟巢最后的故事，因为在那个季节之后我没有再次去那片林子，当然最后这个鸟巢也变成空巢。

在过去的几年，我没有看见一个褐色嘲鸫的鸟巢。这种鸟的鸟巢并不是说当你在走路的时候偶然会碰见，这种鸟就像一个善于藏金子又爱猜疑的守财奴。雄鸟在能找到的最高的树枝上喜气洋洋地婉转啼鸣，挑衅着让你前来寻找它藏在附近的宝藏。但是假如你走着去找可就找不着了。这种鸟的鸟巢一般在鸟鸣范围之外的某个地方，它非常谨慎地栖息在离鸟巢较远的地方。艺术家笔下的图画总是画着一只正在哺育雏鸟的雌鸟，而一只雄鸟栖息在一码开外的地方昂首高歌，这种温暖舒适的画面绝非取自自然。

我发现嘲鸫的鸟巢总是在雄鸟惯常华丽吟唱之地三四十米的位置。它的鸟巢筑在一片低矮杜松树下的开阔地里。当我从附近走过的时候，我的狗惊动了栖息在上面的鸟。鸟巢只有在扶起并分开树枝以后才能看得到。那个鸟巢筑得费尽心思，采用了所有隐藏手段。这是你能想到的最后一处地方，但是假如你去观察，除了铺开的浓密低矮的翠绿色杜松，什么也看不见。当你走近的时候，这种鸟会一直固守于自己栖息的地方，一旦你开始撩动树枝，它才会飞出来，从树底下飞过，在篱笆和灌木丛中划出一道亮棕色的线。我非常有信心地期盼它们的鸟巢能够逃脱骚扰，却并非如此。或许我和我的狗给它们打开了厄运之门，不久后的一天，当我在上面观察时，发现鸟巢已空。那只鸣叫声中流露出自豪之情的雄鸟已经不在惯常栖息的树上，我在附近再也没有看见这对鸟。

东菲比霸鹟是聪明的建筑师，它躲避危险的能力或许跟其他鸟一样强，这一点单从其自身和它的巢穴两方面就能判断。它那朴实的灰白色外表与鸟巢安筑处的天然岩石颜色相称，它随意利用岩石上的苔藓把鸟巢伪装成苔藓自然生长或增生的样子。但是当在谷仓或棚子底下筑巢的时候，这种鸟还会沿袭常用办法，只是不再使用青苔来伪装。无疑这种鸟会收到提示，在这种地方筑巢可省掉青苔。在我提到的那个夏季，我注意到了两个鸟巢，其中在谷仓里面的那个就没有孵化，我怀疑是因为老鼠的入侵，尽管小猫头鹰也可能会是掠夺者，而另一个在树林中的鸟巢则孵化出了三只雏鸟。

在树林中的鸟巢像被施加了魔法一样，它们筑巢相当聪明。我在寻找睡莲的时候发现了这个鸟巢，它藏在了林中一片连绵的深水边。一株大树长在水边，黑色沼泥塞满了缝隙，浓密的树根往上翻，就像一堵几米高的残缺不全的墙堆砌在凝固停滞的水边。在土墙上有一处只能从水上观察到的凹陷处，一只东菲比霸鹟把鸟巢筑在这里，并养育了一窝雏鸟。我划着小船逆流而上，准备把这一家子都接到船上。雏鸟已经准备飞翔，我的存在并未给它们带来多大干扰，它们或许非常确信地认为在那个地方不可能出现任何危险。那不是水貂能到达的地方，要不然它们就不会如此安全了。

我注意到一个美洲小鹟的鸟巢跟很多其他鸟巢一样没有孵化。鸟巢挂在路边悬铃木的一小段干枯树枝上，离地面大概四十英尺。大概一个礼拜以来每天早上当我经过的时候总能看到鸟栖息在窝里。有一天早晨却没有看见那只鸟。检查以后发现鸟巢已空，是否被附近数量颇多的红松鼠所掠夺，我无从知晓，因为这些红松鼠似乎把所有的鸟窝扫荡一空。

没有其他筑巢的鸟像棕林鸫一样屡次遭受乌鸦、松鼠及其他天敌的侵害。这种鸟把巢筑在公开的地方，丝毫不会戒备，它似乎以为全世界都像它一样诚实。这种鸟最喜欢把巢筑在树苗的分叉处，离地面十几米的地方，而此处非常容易遭受任意一种掠夺者的洗劫。棕林鸫不像北美猫鸟、褐色嘲鸫、金莺或者棕肋唧鹀一样喜欢躲避和

隐藏，它所筑的巢也不像那些鸟那样采用隐蔽的方式。这种鸟相当直率，举止公开，但是威尔逊鸫和蜂鸟一般在地上筑巢，这样至少能够摆脱乌鸦、猫头鹰和橿鸟，也有可能不为红松鼠和鼬鼠所注意。知更鸟则会从住所与外部建筑当中寻求庇护。

多年来据我所知没有一窝棕林鸫被成功孵化。在我之前提到的季节里，我注意到两个棕林鸫鸟窝全部是随着季节的变化第二次筑巢，两窝孵化全部失败。第一个鸟巢筑在一棵苹果树的树杈上，叶子伸长到公路上面。鸟窝的高度离路中央几乎不到十米，一车干草勉强能够从下面通过。这个鸟窝的基底明显用了很多报纸碎片，在大多数例子当中，报纸碎片绝非一种安全的筑巢材料。不管印刷品能防护的是什么，这种特定的报纸无法使鸟巢免受劫难。我看见了鸟蛋，或许还有不会飞的小鸟。谋杀就发生在公路上，但是是白天还是晚上却不得而

知。欢闹的红松鼠无疑是谋杀的罪犯。

另一处棕林鸫的鸟巢搭建在一株枫树树苗上，离我之前提到的夏日避暑的村舍几米远。我猜测在这个季节棕林鸫第一次哺育雏鸟的鸟巢在山下的一处更隐蔽的地方，但是没有成功，所以这对棕林鸫夫妇来到房子附近借此求得庇护。雄鸟在附近的树枝上啼鸣数日之后，我碰巧注意到了它们的鸟巢。这天早上我看见一只红松鼠在几米远的一棵树上搜查，我想这个鸟巢也完蛋了。雄鸟可能像我一样知道啼鸣声意味着什么，我没有观察到鸟巢里面，但是它几乎立马被遗弃掉了，雌鸟或许只下了一只蛋，却被那只红松鼠吞掉了。

假如我是一只鸟，筑巢的时候我会效仿刺歌雀，把巢筑在一片宽阔的草地当中，那里不像其他地方，没有草木的嫩枝，也没有花朵和植物来标记鸟巢的位置。我断定刺歌雀能够避开我所注意到的且其他鸟却无法躲避的危险。除非是割草的人出现的时候早过它的预期，即在七月一日之前，或者臭鼬穿过草丛，但这种情况并不常见。在空旷的自然中，它和其他鸟类一样安全。它会选择雏菊或牧草及苜蓿这些最单调且最无变化的地方筑巢，然后把它最简单的鸟巢安置在地面上。这里没有遮盖，除了辽阔的草地隐藏了渺小的鸟巢，沙漠掩盖了鹅卵石，众掩盖了一。假如鸟巢碰巧在你行走的路线上，而你的眼神敏锐，能够迅速注意到安静的棕色鸟飞速疾驰，可能你会一眼看到鸟巢。但是如果方向不对，只需走上三步，你的搜寻可能就会一无所获。

有一天，我和我的朋友偶然发现了刺歌雀的鸟巢，一分钟之后就找不到了。为了找到雌鸟，我走开几米，并告诉我的朋友不要离开他的位置。当我走回时，他说他移动了两步，结果我们花了半个小时在雏菊和毛茛上弯腰寻找丢失的线索。我们绝望了，几乎用双手摸遍了地面，还是一无所获。我用一株灌木来标明那个位置，第二天再来，以此为中心，慢慢扩大搜索范围，我几乎用脚搜遍了每一尺土地，用我眼睛看过所有的地方，直到耐心耗尽，最后非常困惑地放弃了。

我开始怀疑鸟妈妈自己发现鸟巢的能力，因此，我藏起来观察。耽搁很久之后，雄鸟喙里叼着食物出现了，并落入草丛中。我盯着一棵特别的加拿大百合，径直走到那里，弯下腰久久凝视着草丛里面。最终从周遭环境中我分辨出了鸟巢和雏鸟。在搜寻当中，我的脚几乎没有触碰到它们，但是它们又是如何从我的眼中逃脱的，不得而知，或许并非因为距离，而是无法识别。事实上我看不见它们。黑灰色和黄棕色的干草以及草场底部的残株恰好与长了一半羽毛的雏鸟的颜色相同。此外，雏鸟们紧紧贴着鸟巢，形成紧密的小块，尽管有五只幼鸟，也只是一团——看不见任意一只的脑袋或轮廓；它们是一个整体，无轮廓无颜色，无法分开，除非从草场底部仔细观察才能分辨。

那个鸟巢是成功的，刺歌雀的鸟巢无疑会成功。因为，虽然刺歌雀在秋天迁徙当中遭受南方狩猎者的大量捕杀，但它们似乎没有被打败，它们的鸣叫在我们北方的牧场上也并没有减少。

点评：

人类会从动物身上汲取很多知识与智慧。比如，人类通过蜻蜓制造了直升机，还根据响尾蛇发明跟踪导弹。而这篇文章作者通过对鸟巢的搭建反思自己。如果“我”是一只鸟又会选择在什么地方搭建鸟巢呢？大自然给人类带来无尽的追问，也正是这种追问使人类勇往直前。

蟋蟀会带来好运气?

导读

一位刚刚失去父亲的小男孩去帮妈妈买面包。他是那么的懂事，在他离开面包店的那一刻，他听到了一阵鸣叫。面包店的老板娘告诉他，那是蟋蟀的鸣叫。而小孩儿在得知这一消息后会提出什么样的要求呢？老板娘又会怎样对待这位小男孩呢？

一天我的朋友雅克走进一家面包店，他想买一点儿过去非常喜欢的蛋糕。当他是个孩子的时候，路过这家面包店总能看见这种小糕点。现在年岁渐长，口腹之欲早已消失，买一点儿尝一下纯属消遣。他想即便是不喜欢的人也不会拒绝这么可爱的糕点吧。等着找零钱的时候，一个七八岁的男孩走了进来。虽然表现得有些困窘，但衣服却格外整洁。小男孩对面包店老板的妻子说："夫人，妈妈让我来拿一条面包。"面包师的妻子从柜台上取出最好的四磅面包，然后递给小男孩。

朋友雅克这才注意到小男孩那瘦削的脸上担忧的神情，这张脸与敞着口的圆滚滚的面包形成强烈对比，而孩子正小心翼翼地抱着那条面包。

面包师的妻子问他："你有钱吗？"

男孩的眼睛露出发愁的神色。

他紧紧地抱着面包，贴近单薄的衬衣。他说："没有，夫人，我妈妈让我说，明天她会来您这边。"

这位善良的妻子说："孩子，快点儿把面包带回家吧。"

窘迫的小家伙说："谢谢夫人。"

我的朋友把找的零钱放入口袋正打算离开的时候，他发现本该在

回家途中的小男孩正拿着长长的面包站在他的身后。

面包师的妻子看着这个她以为早就离开的孩子，问：“你在干什么？是不是不喜欢这种面包？”

孩子说：“夫人，不是。”

“那把面包带给你妈妈吧，小家伙。假如耽搁久了，你妈妈以为你在路上玩，她会骂你的。”

小男孩就像没听见一样，他的注意力显然被什么东西吸引住了。

面包店老板的妻子走向他，温和地用手扶着孩子的肩膀，她问：“你在想什么？”

小男孩回答说：“夫人，有什么东西在唱歌？”

她说：“那不是在唱歌。”

小家伙叫起来：“不，听！唧唧吱，唧唧吱，唧唧吱，唧唧吱！”

我的朋友和店主的妻子都屏息静听，但是除了蟋蟀的叫声以及面包店里的常客，他们什么也听不到。

小男孩问：“是不是有一只小鸟在唱歌？要么就是烘烤面包的时候面包在唱歌？就像苹果树上苹果唱歌那样？”

面包师的妻子说：“确实有歌声，小呆鹅，不过那是蟋蟀在叫。它们在面包店唱歌，因为我把炉子点燃了，它们喜欢看见炉火跳动的样子。”

小孩叫了起来：“蟋蟀！真的是蟋蟀在唱歌吗？”

面包师的妻子温柔地说：“是的，我确定。”孩子的脸上一下子溢满了快乐。

他说：“夫人，能给我一只蟋蟀吗？”说完这句话的时候，他的脸刷地一下红了，似乎因为自己的胆大而脸红。

面包师的妻子笑眯眯地说：“我的小朋友，你要蟋蟀做什么呀？我愿意把屋子里所有的蟋蟀都送给你，这样它们就不会在屋里乱跳了。”

小男孩瘦小的手紧紧搂着那条面包说：“夫人，请给我一只，一只就好了。别人说蟋蟀会给家里带来好运气。要是我们有一只，我妈妈的烦恼就会少一些，她就不会再哭了。”

我的朋友忍不住插嘴问：“你可怜的妈妈为什么要哭？”

小家伙说：“妈妈为了钱而哭泣。爸爸去世了，妈妈工作很辛苦，但是她没法付所有的账单。”

我的朋友看着抱着面包的孩子，我相信他一定有所触动。面包师的妻子不敢去抓蟋蟀，她的丈夫帮忙抓了四只，然后装到一个上面有孔的盒子里送给小男孩。他带着他的蟋蟀和面包非常高兴地离开了面包店。

他走了以后，面包师的妻子和我的朋友不约而同地说：“可怜的孩子。”然后她翻开了记账本，找到记孩子母亲账的那一页，把所有写下的东西都勾掉了，在最底下写了“已付”两个字。

我的朋友立即把口袋里所有的钱都掏出来，那天他正好带了不少钱，然后求善良的面包师妻子把钱送给孩子的妈妈，并告诉她，面包的钱已付掉，并给她留了一张字条，告诉她，她的孩子终有一天会让她感到骄傲和自豪。

面包师的妻子把钱交给面包店一位长腿员工，告诉他快点儿去。幼小的孩子带着面包和四只蟋蟀走得很慢。当他回到家的时候，第一次看到妈妈从工作中抬起头来，脸上挂着慈祥的笑容，唇间洋溢着欢乐。

孩子相信一定是他带回家的四只黑色的小东西带来了奇迹。我觉得他没有错。如果不是蟋蟀以及他那颗充满美好愿望的心，又怎会有妈妈的笑容？

点评：

这是一篇非常感人的文章。作者以对话的形式描述出男孩的身世，用动作表达面包店老板娘的善良。人与人之间的情感，经由作者轻轻触碰，便呈现出一幅幅温暖的人生画卷。而我们也从中领会到，世间温暖并非是大人物才能制造。有时候，平凡人的一个小举动，就会让这个世界充满爱。

候鸽

导读

候鸽，迁徙物种，曾有数千万只候鸽在往返于森林筑巢地的迁徙过程中经过美国，使所经之处的白昼在数小时内一直暗淡无光。据说候鸽栖息处下方的地面上覆盖着5.08厘米厚的鸟粪，很多粗壮的树枝被鸟巢压断。据估计，在鸟群最大的时候，大约有60亿只候鸽。但是，它们在1914年完全灭绝。人类捕杀、失去栖息地是其灭绝的主要因素。

候鸽在美国常被称为野鸽子，其飞行速度极快，因此它们需要不停地挥动翅膀来保证其敏捷度。

候鸽拥有强大的飞行能力，能在极短的时间之内飞过惊人的距离。在美国候鸽的飞行能力早已得到证实。候鸽在纽约附近地区常被猎杀，因为佐治亚州和加利福尼亚州长满了稻谷，农民必须在田地里收割庄稼，而这些地区恰好是候鸽最近的食物来源地。候鸽消化食物需要整整12个小时，因此它们必须在6个小时之内飞行几千米，平均飞行速度达每分钟1600米。以这样的速度飞行，候鸽飞过欧洲大陆可能用不到3天。

它们的视觉能力也很强，这也保证了在迅速飞行的过程中，飞掠过土地的同时能轻而易举地发现食物。有一次我观察到了它们飞过一片贫瘠的土地，几乎找不到任何可供它们食用的东西。它们飞得如此之高，它们的视野如此开阔，能同时看清成百上千亩田地的范围。与之形成鲜明对比的是当土地布满富足的食物时，它们则会飞得尽可能

低，这样才能发现最丰盛的食物。

它们的身体呈长椭圆形，长长的尾羽用来平衡躯体，结构牢固的翅膀用来产生推力，候鸽的肌肉相对于同体积的鸟类而言大且有力。当候鸽划过树林，低低地掠过观察者的时候，它似乎在转瞬之间就已飞走。你若试图再看一眼，只是徒然，因为这种鸟早就看不见了。

林中野鸽子的数量之多令人震惊。确实在多数情况下我们经常看到这些野鸽子，我现在甚至倾向于认为我所讲述的就是真实情况。不仅如此，当别人陪我观察野鸽子的时候，同样也因为观察到的结果让我目瞪口呆。

1813年秋天，我离开了在俄亥俄州河畔的房子。在穿过贫瘠的荒漠时，我注意到候鸽从东北向西南飞翔。候鸽的数目非常多，比我在任何时候看到的候鸽都要多。我甚至想数一数在一个小时之内飞过眼前的到底有多少群鸽子。于是我下了马，爬上高处，每经过一群鸽子，就用铅笔标注一个点。不消一会儿，我就意识到我企图做的这件事情不可能完成，这种鸟铺天盖地地飞过来，简直无穷无尽。我去数自己做下的标记，发现在短短21分钟之内，我已经做了163处标记。

我继续行走，走得越远，见到的候鸽越多。空中简直密密麻麻地布满了鸽子，如同日食一样遮住了正午的阳光，而且鸽子翅膀的震动声让我昏昏欲睡。没有一只鸽子落下来，因为那一年在这片地区看不见一颗坚果或橡子。它们在高空中飞翔，我屡次试图用来复枪射中一只鸽子，都没有成功，至少没看到任何妨碍它们飞行的迹象。

我无法用言语向你们描述当一只鹰冒险抓住跟在鸽群后边的一只候鸽时，从空中观察会给人带来怎样的震撼。鸽群立刻发出轰鸣般的声音，像洪流一样密密麻麻地聚集在一起，一只挨着一只，向中心移动。它们一层又一层地垂直高速盘旋，形成一个庞大的柱形，一只又一只地缠绕在一起，盘旋在一起，就像一只巨蟒一圈又一圈地把身子盘起来。

到太阳落山之前，我已经走出56公里远。候鸽的数量不见减少，在3天之中天空依然是漫天的候鸽。俄亥俄河畔的男人和男孩举着来复枪，不停地朝着沿河畔掠过的鸽群射击。大量鸽子因此而丧命。在一周左右的时间里，这个地区的人们除了鸽肉不吃其他肉类，人们张口闭口谈论的都是候鸽。

或许根本无法估计空中鸽子的数量，也不能统计鸽群一天到底消耗多少食物。或许我只是试图探究自然这个伟大的造物者创造的生物到底有多少需求。

我们假定鸽群以上文提到的每分钟1600米的速度飞行，且未受打扰，那么以3个小时计算，假定两只鸽子之间的距离不到1米，一个鸽群大概有14万只候鸽。每只候鸽每天如果消耗0.5公斤食物，如此庞大数量的鸽群每天则需要800万吨食物。

点评：

文章中所展现的场景不会再次出现——因为它们已经灭绝。人类成了它们的最大天敌，候鸽喜欢在低空飞行，它们的鸟巢很容易被够到。据说候鸽的肉非常美味。最后一只候鸽名叫“马萨”，是一只圈养鸟，它在1914年死亡。候鸽灭绝的悲惨故事，可能是一记警钟。一个世纪前还没有“全球环保意识”，人类认为自己已经学到了很多与其他动物和平共存的知识。世界上其他剩余迁徙物种的命运，将证明我们是否已经从中吸取教训，还是会重蹈覆辙。

【第二章】

少年成人礼

全世界最美的课文·加拿大语文

初中版

驿站少年

导读

环球旅行的作者在瑞典北部，与12岁的驿站少年一起经历了一段充满挑战的旅程。他们遭遇暴风雪，在作者几近崩溃的边缘，驿站少年成为旅途中的领袖。在大雪挡路无法前行的酷寒冬夜，少年与旅者如何度过生命的寒夜？

我在环球旅行当中认识了许多孩子。或许我能讲出自己在不同国家旅行的时候了解到关于他们的装饰、语言以及生活习惯等很多事情，然而，我想你们可能宁愿听我讲一些孩子们参与的冒险经历，所以我会把这些故事和资料一起告诉你们。

这次的冒险故事是关于一个小小的驿站少年的，故事发生在瑞典的北部。因为酷寒，几乎鲜有外国人在冬天来瑞典旅游。

我选择冬天来这里的原因是我要前往拉普兰，等沼泽和湖水结冰以后这个地方更容易前往，驯鹿雪橇能够穿越光滑的冰面。这里一天当中大部分时间确实非常寒冷，白天时间短又阴暗，要不是发现这里的人如此和善、快乐与坦率，我可能会不止一次想要折返离开。但是我并不认为这里生活居住的人比诺尔兰的人更友好，诺尔兰是瑞典的一个省份，大约在斯德哥尔摩以北200英里的地方。

这里的人高大强壮，长着黄头发和明亮的蓝眼睛，还长了我所见过的最美丽的牙齿。他们的生活简单又舒适，温暖的木屋子装有双层玻璃和门，用来抵御严寒。

这里既没有铁路也没有火车站，政府在每隔10到20英里不等的地方设立了邮驿机构。每个驿站都养了一些马，一般来说旅客都备有自己的雪橇，所以他们仅需从一个驿站到下一个驿站租借马匹。

我自己有一辆小雪橇，雪橇上装满干草，并盖上驯鹿的皮来保暖。只要天气不甚寒冷，坐在雪橇上在黑暗的森林中、在结冰的河面上飞奔，或者从隐秘的峡谷里穿过一个又一个农场会非常惬意。乘雪橇翻山越岭，直到很久以后能看到群星，然后找一处暗红的驿站小屋，吃一顿热乎乎的晚餐，围坐在火炉旁听着欢快的瑞典人唱歌或讲故事。

起先温度会降到0摄氏度，接着降到零下10摄氏度以下，再然后零下20摄氏度，最后直到零下30摄氏度。我从头到脚包裹着厚厚的毛皮，并不是太冷。这些人向我保证这样的严寒天气至多持续两到三天，我甚为欢喜。

12岁到14岁的男孩经常与我一起走，再把他们父亲的马匹带回驿站。只要这些活泼的红脸蛋伙伴能够面对严酷的天气，我也没什么可害怕的。

一天晚上天空出现令人赞叹的极光。红色和蓝色的光线向各处投射，彼此追逐达到制高点，然后落入北方的地平线上，我以前从来没见过如此转瞬即逝、如此壮丽的美景。陪伴我的驿站男孩说："很快就会出现风暴，风暴总是伴随着极光。"

第二天早晨天空一片阴暗，短暂的白天也如同黄昏一样。但不是特别冷，所以我尽快继续前行。在我前面有一片宽广、稀薄的土地，我希望赶在夜间走过那片地方。在晚上7点的时候，我依然需要走很远才能到达我打算过夜的下一处驿站。至少还需要走20英里才能到达那一站。

我决定在马进食的时候吃晚饭。驿站的人没有预料到游客到来，所以未做任何准备。驿站的看守人与两个木材商人出去了，他的妻子是一个非常友好的红脸妇女，她给我准备了一些上佳的咖啡、土豆、炖过的驯鹿肉，我美美地吃了一顿。

我不想继续赶路，走入冬季的暴风中，但是那天晚上因为已经下定决心打算在这个村庄歇脚，我非常不愿意折回。

这位妇女说："天气真糟糕，我丈夫一定会在于默奥过夜。拉尔斯会陪着你，这样他们能一起回来。"

我问："拉尔斯是谁？"

她说："我儿子。他备好马了。今天晚上这屋子里没人在。"这时候门开了，拉尔斯走了进来。他大概12岁，脸色红润，长着一双又圆又蓝的眼睛，眼神清澈，金发柔滑卷曲，垂到脸上，他看

上去甚至更年轻。我很诧异他妈妈愿意让他在这样一个夜晚走20英里。

我说："拉尔斯，来这里，"然后拉住他问，"晚上走这么远你怕不怕？"

他看着我，眼睛流露出疑惑的神情，然后笑了笑。他妈妈赶忙说："没必要害怕，拉尔斯虽然年龄小，但是他与你一起走非常安全。假如风暴情况尚可，晚上11点你就能到于默奥。"

当我在考虑是否与这位男孩夜行的时候，他已经穿好羊皮外套，戴上毛皮帽子，包住下巴，厚实的羊毛围巾围着口鼻，只露着圆圆的蓝眼睛。然后他带上母亲从火炉旁取下的已经晾干的兔皮手套，拿着一截短皮鞭，一切收拾妥当。

我把自己包裹在毛皮衣服里面，我们一起出去。大片雪花打在我的脸上如同针扎，但是拉尔斯一点儿都不在乎。他跳上雪橇，雪橇里面装满新鲜柔软的干草，四周用驯鹿的皮裹严实，我们依偎在狭窄的座椅上，出发之前把一切收拾得温暖整齐。我几乎什么都看不见。

夜漆黑一片，雪花不断飘下来，模糊的冷杉树在我们周围呜咽着。然而拉尔斯认识路，我们想办法沿着踩出来的路行走。他不停地与马说话，过了一会儿，我的情绪也被他调动起来，似乎这一段路既不漫长也不再令人烦躁。

他会说："驾，阿克塞尔，沿着这条路，不要太偏左。很好！靠中间一些，现在跑起来！"

所以我们一路前行——一会儿上坡，一会儿下坡，似乎过了很久，我开始感到冷，拉尔斯甚至把缰绳递给我，他挥舞着、拍打着胳膊来保持血液循环。他不再像刚出发的时候那样哼唱一首歌或一节赞美诗，但是他没有一点儿惊恐甚至急躁。随便我什么时候发问（我大概每5分钟问一次）"我们快到了吗"，他总会说"还有一段路程"。

风突然变大了。

他说："啊，我知道我们到哪儿了，还有1英里。"但是你要记着，1英里实际上等于7英里。

拉尔斯检查了一下马，在黑暗中焦急地从一边望向另一边。我也随其张望，但是什么都没看到。

终于我问他："怎么了？"

他说："我们穿过了左面那些山，这片地方空旷多风，现在雪花比路上下的大。假如今天晚上没有路，我们就惨了。"

不到一刻钟，我们看见马从雪堆中往下陷。它奋力跳出来，但没有走多远已经精疲力竭，只能站着不动。拉尔斯和我从座椅上站

起来，向四周看。我自己只看到一些树的模糊的影子，树木当中没有任何通路。几分钟以后这匹马又开始走路，费了很大的劲儿拖着我们走出几米。

我问："我们是不是应该下去找找路？"

拉尔斯回答说："没用，雪堆这么厚，我们出去会齐腰陷进去。等一会儿我们应该能走出去。"

他这样说。马拉着我们走出雪堆深处，来到一个较浅的地方。但是脚下并不是光滑坚硬的路面：我们能感觉路面不平，覆盖了树根和灌木丛。

阿克塞尔站着不动，拉尔斯跳下雪橇，在树间挪动。然后我来到另一侧，但是还没走出十步远，我就开始深深地陷入松软的雪堆里，我很庆幸自己得以脱身返回。这种情形非常危急，我在考虑我们如何才能逃离。

我朝拉尔斯大喊，给他指引，没过多久他也返回雪橇。他说："要是我知道路在哪儿，我就能开始走。但是我不知道，我想我们必须在这里过夜了。”

我叫起来：“不超过一个小时我们就会被冻死！”我已经冻僵了。寒风令我昏昏欲睡，我知道假如睡去，我很快也将结冰。

拉尔斯愉快地欢呼着：“不，我是诺尔兰人，诺尔兰人从来不会被冻僵。去年冬天我跟别人去山上抓熊，我们在雪中待了好几个夜晚。另外，我知道我的父亲与斯德哥尔摩来的一位先生在这条路上的经历，我们也那样做。”

“他们做什么了？”

拉尔斯说：“我们先要照顾阿克塞尔。我们要匀给它一些干草和鹿皮。”

卸马具这项差事非常费劲，我们终于做好了。拉尔斯把它带到一棵冷杉树下，系在一根树枝上，给了它一些干草，并把鹿皮紧紧系在马背上。

当这些事情完成以后，拉尔斯把其余的干草均匀地铺在雪橇底部，上面盖上鹿皮，他把迎风的那边塞得紧紧的。然后他掀起一边的鹿皮说：“现在把你的皮衣脱下，快点儿，放在干草上，然后爬到皮衣下面去。”

我尽快做好。有那么一刻我在冰冷的空气中颤抖，但是下一刻我已经伸直了躯体躺在雪底下，避开了风雪。我掀起鹿皮的一边，拉尔斯脱下他的外套，趴到我的身边。然后我们把鹿皮扯下来，紧紧掖到干草底下。

风似乎完全吹不进来，拉尔斯说，我们必须脱下靴子，解开围巾和衣服，这样衣物不会紧紧地包裹着身体。当做完这些的时候，我们贴着彼此躺在一起，互相取暖。我发现寒意渐渐地消失不见。

周身感觉到一丝令人愉悦的暖意，就像惬意地躺在舒服的床上。我很吃惊地发现虽然我的头被包裹着，但我没有感到窒息。鹿皮下面有充足的空气，我们没有压抑感。

雪橇下仅有两个人躺在一起的空间，不可能翻身或打滚儿。我想我们在5分钟之内都睡着了，我梦到一个温暖的八月，我在家里摘桃子。事实上那天整个晚上，我都没有醒来。拉尔斯也是如此，虽然我感觉我们在睡梦中讲过话。

躺在那里，当我感受到一些麻木和僵硬的时候，扑面而来的冷风突然把我惊醒。拉尔斯支撑着手肘，起来往鹿皮外面张望。

他说："我觉得快6点了。天亮了，我能看到启明星。再过一个小时我们就能上路。"

我感到精神焕发，立即准备好继续赶路。但是拉尔斯非常理智地说，现在还找不到路。当我们交谈的时候，阿克塞尔发出一声嘶鸣。

拉尔斯叫起来："在那里！"他立刻穿上靴子与外套，并戴好围巾。我也穿好衣服，那时候我们已经能够听到叫喊声和马鞭声。我们给阿克塞尔装上马具，慢慢地朝着叫声传来的方向前行。我们现在能够看清一伙农民早早起来把路清开。

当他们经过以后，我们欢快地在寒冷的黎明里飞奔，一个多小时以后我们已经到了驿站。

点评：

作者以平淡的笔调为我们描述他在旅行中遇到的人与事。但是平淡并不意味着平庸，随着事件的推进，人们的情绪也随着作者笔触的渲染而进入紧张的状态。看似平淡，但是文章内在的逻辑层层递进，大家在写故事的时候不妨学习作者是如何推进故事发展的。

哥伦布

导读

他一生从事航海活动，是第一个到达美洲的欧洲人。他相信地球是圆的，认为从欧洲西航可以到达东方的印度。哥伦布的航行给了世人一个全新的视野，那么你想不想看看这样一位伟人在年少时是怎么样生活与学习的？

在那遥远的地方，在海的那一侧，坐落着阳光明媚的意大利。那里有灰绿色的橄榄树，遍地是果实累累的葡萄园，黑眼睛意大利的姑娘和小伙子们更为可贵。很多年前，一位英雄诞生于这个美丽的国度。

当国王的儿子出生的时候，人们敲响钟声、齐唱感恩曲，他们用在城市上空高高飘扬的旗帜与加农炮的“咆哮”来宣告这个好消息。但是哥伦布出生的时候，没有如此重大的欢庆仪式。这个小男孩出生于热那亚的一户梳羊毛的家庭中，他的家人住在简朴的农舍里，但是没人知晓一位英雄的生活即将掀开篇章。

当然你必须了解，没有任何人会在突然之间变成英雄。我相信一些男孩知道一个人是如何变成英雄的，我让他们来讲述这个故事。

这个男孩要学习很多东西。他需要一副强健的体魄，所以他像其他男孩一样在野外玩耍；另外他需要做很多工作，这样他的肌肉会变得更加结实。

像你我一样，他学会阅读和写字，只是他阅读和书写的文字是意大利语，意大利语听起来像悦耳动听的音乐一样。

然后他必须了解关于船运的东西，因为当机会来临之际，他将学会控制船只。他需要了解大海，因为这项伟大的事业能够带他穿过茫茫无尽的大海。他也需要了解人，因为到那一天，他必须能够指挥船员，他们必须服从他的命令。最重要的是，假如他无论如何要做成这份英雄般的壮举，他必须变得勇敢并充满耐心。你们认为他是如何学会这些课程的？

如你们所知，热那亚是一座海滨城市。我能想象，幼小的克里斯托弗在水边玩耍，来来回回跑过船只，爬上桅杆，帮助水手，听从船长的要求并在此中间学习的过程。终于走向大海。我听过他在大风浪中营救了船长和所有船员的事迹。

现在我会向你们讲述一件奇怪的事情。与克里斯托弗·哥伦布同时代的人认为地球是平的，就像一个盘子一样。

那些智者说："地球当然是平的，我们用眼睛就能看得到。"

一个小男孩说："我听过有人说地球是圆的。"但是智者大叫："他是个傻子！我们一直知道地球是平的。假如地球是圆的，我们一定都会掉下去。"

克里斯托弗·哥伦布对这些人的看法耳熟能详。但他也听其他人说过地球是圆的。他通过学习与思考，终于也认同地球是圆的这

种说法。

我会告诉你们另一件奇怪的事情。过去欧洲人不知道世界上存在意大利这样一个伟大的国家。因为他们想既然地球是平的，假如有人站在地球边缘就会掉下去。

当哥伦布长成小伙子的时候，指南针已经被发明出来。与此同时人们远至印度，带回昂贵的珠宝、香料、奇妙的披肩以及其他许多美丽的东西。这时的人们都渴望去印度让自己变得富足。

这个真实的故事我讲了很多内容吗？哥伦布自言自语地说："我知道地球是圆的，那些人朝着东方走前往印度，这是一段漫长的航行。我会向着西方走，我相信我到达印度走的路线更短一些。"

但是没有人相信他。凑齐大笔前往印度的资金非常困难，哥伦布在漫长、疲惫的年月里，四处求助，试图让人们相信他所做的事情，即便阻力重重，但他依然充满耐心、非常勇敢。

最后英明的女王伊莎贝拉给了他充足的钱，用这些钱他能够购买一些船只，并能派水手与他一起出海寻找前往印度的最短路线。

当看到他的三只船停泊在海港的那天，哥伦布多么开心。这三艘船分别被命名为平塔、尼娜和圣玛丽亚。

当哥伦布的三艘船驶离帕洛斯海港的那天，阳光灿烂，旗帜飘扬，钟声响起，人们欢呼着目送他离去。哥伦布的心中满怀信心，他知道他将开启一场绝妙异常的旅程。

日子一天天过去。三艘小船孤零零地漂泊在无边的海上。四周尽是无尽的大海，看不见一片陆地。海风不停地吹过，海浪一波比一波高。水手非常害怕，纷纷祈求哥伦布掉头折回。

他们叫喊道："我们为什么在这里，受这个傻瓜的差遣？我们不相信这个傻瓜关于地球是圆的的故事。我们就要走到尽头，然后掉下去，或者被埋葬在这片未知的海域。"

他们计划在漆黑的夜晚把哥伦布扔下甲板，然后掉头驶回家园。

但是哥伦布没有害怕。他跟船员们说再航行三天，船员们的狂躁平息下来，他们答应了哥伦布的提议。第一天过去了，没人看到陆地。第二天过去了，依然没看到陆地。第三天早上，一艘船在水上漂流，船员看到一根红莓枝。希望在恐惧的心中升腾。在夜晚时分他们听到了众人呼叫声，大家齐呼："陆地！陆地！陆地！"

叫喊声响彻天际！勇敢的哥伦布心中充满喜悦。他带领船员坐上小船登上陆地，他们跪在岸边，哥伦布以王后伊莎贝拉的名字给这片新发现的土地命名。

一伙奇怪的人围着哥伦布和他的水手们。这群人有着古铜色的皮肤和黑色的直发。他们从来没有见过白人，他们以为哥伦布的船是些庞大的鸟类。哥伦布叫这些人印度人，因为他以为自己到达了印度。但是我们知道哥伦布发现了一片新大陆。

几个月过后，哥伦布返回西班牙，他的船上载满了奇珍异宝。同船返回的还有一些印第安人，他要向别人展示他所发现的土地。

当三艘船再次驶入帕洛斯海港的时候，人们纷纷庆祝。他们说："啊，伟大的哥伦布终究说对了！"处处都有人赞美哥伦布。

那个坐在热那亚码头凝视着蔚蓝的大海的小男孩，有一天他是否曾梦想过数百年以后青年人讲述着他的人生以及他所发现的那个伟大的国家？

点评：

少年哥伦布关于"地球是圆的"的设想并没有因为困难而搁浅，他学习各种技能，然后用行动去认证自己的设想，他成功了。这个世界上从来不缺少梦想，而是缺少实现梦想的动力。你有梦想吗？从现在开始，行动吧，为梦想，为世界！

克制

导读

男孩哈里正在训练如何克制自己，克制自己熬夜睡晚觉，克制自己的冲动，理智分析事情会带来的结果，在面对好吃的食物时克制自己暴饮暴食的欲望。他一次次克制住自己的欲望，那么克制让他得到的是痛苦还是快乐呢？

表针指向9点，哈里想起来，妈妈希望他们在9点准时睡觉。于是，他提醒哥哥妈妈的要求。

弗兰克说："别管我，这是那场出名的大火，我要观看这个节目。"

哈里说："好吧，这是那场出名的大火，我要观看这个节目。弗兰克你不讲克制了吗？"

弗兰克说："胡说，我不会惹是生非，我保证。"

哈里说："那么晚安。"

第二天早上6点钟，男孩们要起床了。哈里坐了起来，但是外边天气非常寒冷，哈里非常想继续躺下。但是他又想：这是培养自制力的一个好机会。于是，他不带丝毫犹豫地爬了起来。

他对沉睡中的哥哥说："弗兰克，弗兰克。过6点了，晨星非常好看。"

弗兰克叫起来："别管我。"昏昏欲睡的声音中有一丝暴躁。哈里说："那好吧，祝你睡得愉快。"然后他飞奔而去，如同一只欢快的云雀。等完成拉丁文练习，在早饭之前，他舒心地散了一会儿步。所以当他回来的时候，浑身焕然一新，面色红润，胃口很好，更好的是他的心情也不错。当祷告的钟声响起的时候，可怜的弗兰克刚从被子里爬起来，脸色苍白，神情愠怒、冷淡，非常不开心。

哈里有一堆笑料，他正准备对弗兰克善意地打趣，这时候他想起来：弗兰克不喜欢被人说笑，尤其是当他心情不好的时候。想到这里，他把笑话压下来。要抑制讲笑话的念头，甚至是需要一些克制力的。

早饭的时候，爸爸许诺，假如天气一直晴好，同意哈里在晚饭之前骑着灰色小马驹与他一起出去。爸爸的提议让哈里非常开心，于是在早上一直记挂着这件事。明媚的阳光照射在客厅的窗户上，似乎预示着天气晴朗。然而午间的时候天空转阴，当看到几大滴雨珠落在院子里的石板上，哈里有些慌张。不管如何他依然拾掇好，在指定时间穿好外套，拿着小马鞭在客厅玩儿，希望骑着马儿出发。他的妈妈经过说："我的宝贝，恐怕今天不能骑马了。你没看见石头上已经落雨了吗？"

哈里说："亲爱的妈妈，您一定知道这几滴雨我一点儿都不怕。"爸爸来的时候，首先看了一下云，然后扫了一下晴雨表和哈里，然后摇了摇他的头。

哈里问："爸爸，您打算去，是吗？"

爸爸说："我必须走，我有生意要处理。但是哈里，我觉得今天早上你最好待在家里。"

哈里回答说："但是，先生，您认为现在这点儿雨能给我带来任何伤害吗？我还穿着厚厚的外套。"

爸爸说："哈里，是这样的。我觉得即便这点儿雨也能给你造成伤害，因为你还不熟练。此外我觉得雨不止这么大。但是这种情形你需要自己决定，我知道你是一个有自控力的孩子。我只需告诉你一句，如果今天早上你出去，妈妈会担心，而且我们俩都认为你不应该出去。所以现在你要自己做决定。”哈里又看了看外边的云，靴子底下踩着的石板，以及他和蔼可亲的母亲，然后他想起来：这是培养自制力的一个好机会，而我今天已经这样做了。于是他立刻跑去告诉罗杰，今天不需要给他的小灰马驹装马鞍了。

这天晚餐的时候，弗兰克说：“妈妈，我还想要另一块。”这时候他已经消灭掉一大半肉馅饼。

妈妈问：“亲爱的哈里，你还要吗？”

哈里说：“谢谢，但是不需要了。”然后他收回了自己的盘子，想：我吃得够多了，已经不饿了，现在是讲究自制力的时候。

他的小妹妹晚餐后说：“哈里哥哥，你什么时候告诉我如何解开那道谜？你很久以前说会告诉我的。”

哈里说："小姑娘，乖，我现在忙，不要戏弄我。"妹妹没有说话，但是看上去很失望的样子，所以依然靠着哥哥的椅子。

哈里突然想起来，于是说："那把你的谜语拿过来。"他放下了自己的书，好脾气地给妹妹示范如何揭开谜底。

那天晚上当两个男孩打算睡觉的时候，哈里想起这一天当中的几件小事感到很得意，他完美地锻炼了自制力。正打算与哥哥弗兰克交流这些事情的时候，他想：不，这是培养自制力的另一个机会，我一个字都不会说，况且到处宣扬会破坏我的自制力。所以哈里静悄悄地躺着，做出如下明智的反思：今天过得很快乐，虽然有一件事情令我很失望，还有几件事情违背了我的愿望，我发现克制自己的一瞬间非常痛苦，但是结局令人欢喜。假如每天都可以这样去做，我就有机会过一种快乐的生活。

点评：

人类的智慧在于懂得克制。放纵自己的欲望是最大的祸害，人生充满各种欲望，我们必须学会克制自己。圣堤布福曾说：青年时代太放纵就会失去心灵的滋润，太节制就会变成死脑筋。适当克制欲望会收获快乐人生。

完美的兼职工作

导读

在国外，读到大学的学生就不好意思跟家里伸手要钱了。作者自觉地在不影响学习的情况下进入到社会进行兼职工作，赚取生活费。在选择兼职工作时，作者真是煞费苦心。最终他选择了一个“完美”的兼职工作，那么这份工作会让他有什么样的体验，而他又会从中得到什么样的经验呢？

和大多数大学生一样，我也需要挣点外快。不过，我很在意挣钱的途径。因为我的学费是由父母支付的，所以我找的兼职工作不能太影响到我的学习，但我又不太愿意放弃我丰富多彩的课外活动。照看小孩儿的工作一般满足这些条件，但是我发现报酬又太低了。我翻遍了学校报纸，发现在我打电话咨询时，所有空缺都已经招到了人。山穷水尽之际，我发现了这份兼职，真是堪称完美。

一天，社会学课刚结束，我要走出教室的时候，看到张贴在教室门外的一份传单，上面写着："急需找人协助完成心理学论文研究——有表演经验的优先考虑。"一般情况下，我不会考虑任何与心理学研究有关的工作机会，因为这些工作要么让人吃点皮肉之苦，要么报酬少得可怜。不过，这一次上面提到的有表演经验优先考虑的条件让我有点儿动心了，因为我绝大部分的课外时间是在舞台上度过的，我觉得这个工作机会值得一试。

我得到这份工作后才发现，我只是个实验者，不是被实验者，所以我不会感觉到任何疼痛。我的工作内容基本上就是一遍遍地向那些被实验者读出一系列问题，然后根据他们的回答提供不同层次的反馈。在某些情况下，我只需要把题目大声读出来就可以了，其他什么都不用说。另外一些时候，我需要说点什么，比如"哈，嗯"或者"是的，我也碰到过那种事。"在某些特定的时候，我要保持面无表情，并且尽量不和别人进行眼神交流；然后我要根据被测试者的回答，对他们或点头，或微笑，或皱眉，或表达关心，如此种种。结合这些言语和非言语反应，我扮演了四个不同的角色。

虽然报酬微薄，但我觉得这份工作非常有趣和吸引人。很快，实验就结束了。我希望这些实验能够继续，但是研究经费快用光了，并且实验已经取得了明确的结果。为了避免无意识地对实验结果产生影响，所以我事先不能知道研究人员的实验目的。结果，我的怀疑得到了证实，实验的结论是：肢体语言对人们的影响要远远超过口头语言。

点评：

中国大学生与国外大学生有一些不同便是在大学校园里，中国学生中的大部分还在靠家庭支付学费与生活费；而国外大学生中的大部分则通过自己的劳动赚取零花钱。其实，对于大学的兼职工作，赚钱倒在其次，重要的是，可以早一点儿接触社会与职场，为以后的工作积累经验。

哨兵的烟袋

导读

二等兵威廉姆·鲍姆在站岗时遇到一个陌生人，陌生人怂恿他抽烟解闷被他拒绝，陌生人一再冒犯，他动手打了陌生人，却被陌生人威胁，陌生人拿走了他的烟袋。第二天，他才知道陌生人竟然是国王，迎接他的将会是什么？

普鲁士军队里的二等兵威廉姆·鲍姆站在原地凝视着夜色，他多么希望能看到山谷对面亮着篝火的奥地利和俄罗斯彼此攻击，这样他好歹能做点儿什么事情，总比站在湿冷的地方瑟瑟发抖要好些。

但是奥地利和俄罗斯没有任何动静，鲍姆身上越来越冷，越来越湿，每一分钟他都希望自己在山脚下那个小小的舒适的苹果园里。过去吃过一顿美味的黑面包和卷心菜以后，他常常在10点之前躺在床上。

他大声说：“要是国王在这样一个晚上待在外面，他肯定像我一样很快就厌倦了战争。”

严厉的声音从他身边传来：“你怎么知道他没有厌倦战争？”

鲍姆立刻恢复正常。一看到陌生人朝他走来，他立刻想起自己作为士兵的职责。他拿着滑膛枪，清楚而严厉地说：

“站住，谁在那儿？”

陌生人回答说：“是朋友。”

“朋友，往前走，报暗号。”

“普鲁士之鹰。”

“没问题，朋友请通行。”

但是陌生人没有通行反而走向哨兵，哨兵刚好借助零星的月光看清楚来者。他穿着一件马夫的斗篷，帽子遮住了眼睛，正好挡住了脸。

他说：“你这里似乎很潮湿，

为什么不抽支烟让自己暖和一下？”哨兵回答说：“抽烟？哎，兄弟，你从哪儿来？你不知道站岗的时候禁止抽烟吗？”

陌生人说：“要是国王让你抽烟呢？”

士兵粗声回答说：“国王同意？那上尉会说什么？国王还没听到，藤条就落在我的背上。”

“上尉看不见你。拿出烟斗吧，我不会告密的。”

士兵叫起来：“你这个无赖！我有点儿怀疑你是故意来找我麻烦的。要是这样你再不走，事情变糟糕之前你再说点儿什么，小心我揍你，你不会喜欢这种事情的。”

对方笑着说：“我倒想看看。”

士兵没有说一句话，只是给了陌生人一下，当他踉踉跄跄往后倒的时候，他的破帽子飞了出去。

当镇定下来之后，他用完全不同于刚才的语调说：“很好，等着瞧，明天有你好受的。别担心。晚安。”

说这番话的时候他弯着腰，从地上捡起了什么，然后消失在夜色中。陌生人突然变化的语调与态度以及离开的时候说的威胁性的话语令鲍姆有些不安。他开始担心自己是否冒犯了一位高级别的军官——至少是上校，甚至可能是将军。然而他想：他又不知道我的名字，这一点令人宽慰。要想找到我站的岗位并不容易，而且晚上又这么黑。

但是下一刻他就被吓得一激灵，因为他找不到惯常挂在腰上的烟袋，而且他记起陌生人离开之前好像捡走了什么东西。他捡走的一定是自己的烟袋，上面有鲍姆的全名。虽然半个小时之后鲍姆就从岗位上被换下来，但是那天晚上可怜的哨兵一宿未眠。他不停地为自己鼓气，一遍又一遍地告诉自己将军可能不会因为违背命令而惩罚他，但是这并没有让他得到多少宽慰，因为在那个时代将军可以随意处置一个二等兵。

果然，第二天早晨一位下士带着四名士兵去接二等兵威廉姆·鲍姆前往司令部。到了那里，他发现所有的将军都围着一个穿着破旧的衣服的矮小精瘦的男人，他的眼神很明亮。鲍姆立刻认出

来了这是普鲁士皇帝腓特烈大帝。

腓特烈大帝用尖锐的目光扫了下这位倒霉的士兵，然后说：“先生们，一个普鲁士士兵袭击国王的话该做何处置？”

将军们齐声回答说：“判死刑。”

腓特烈大帝说：“不错，这个人在这里。”

于是他拿出一个烟袋，上面写着“威廉姆·鲍姆”。

鲍姆跪下并大喊：“陛下，请饶恕我！我不知道是跟您讲话。”

国王拍着他的肩膀说：“我猜你也不知道，我希望所有的士兵像你一样遵守命令。你应该得到应得的荣誉，所以从今天起我宣布你为中士。”

国王遵守了他的诺言。

点评：

在其位谋其职，如果每一行业的人能够遵行本行业所谓的“职业道德”，站好自己的“岗位”，那么他一定会收获美好的人生，同时为社会贡献自己的一份力。

士兵的死缓

导读

年轻的士兵本尼因为在当值的时候打瞌睡而被判死刑，他的父亲得知他是因为帮助其他士兵太累才会瞌睡之后，为他奔走求情但于事无补。本尼的妹妹决定去请求总统放过自己的哥哥，她能够找到总统挽救哥哥的生命吗？

“艾伦先生，我想，当我把我的本尼托付给国家的时候，在这片辽阔的土地上，没有一个父亲像我这样给出如此珍贵的礼物，没有一个人。我亲爱的儿子只睡了一分钟，仅仅一分钟。我知道这就是全部故事，因为本尼从来没有在当值的时候打过瞌睡。他多么敏捷可靠！我知道他只睡了片刻——我的孩子还小，还不强壮！哎呀，他虽然跟我一样高，但只有十八岁！现在他们要把他处死，就因为放哨当值的时候有人发现他睡着了。电报说，‘二十四小时’，只留下二十四小时！我的本尼现在在哪里？”

艾伦先生安慰地说：“我们希望他与天父同在。”

“是的，是的，我们要抱有希望。上帝是仁慈的！本尼说：‘爸爸，我该感到羞愧。我是一个男人，当国家有需要的时候，我不能用这只健壮的右臂为国家效力（本尼骄傲地举起自己强壮的胳膊），想到此处我感到愧疚，与其用我的胳膊耕地，不如麻痹瘫痪算了！’艾伦先生，我想上帝一定会照顾他的。”

“欧文先生，毫无疑问，本尼是上帝的掌上明珠。”

小布洛瑟姆坐在他们身边听他们说话，她的脸色发白，她没有

落下一滴泪，反而把焦虑隐藏起来，没有人注意到她的异样。有人轻轻地敲厨房的门，她去开门，从邻居手中接过一封信。她拿回来只说了一句话："这是他的信。"

这是一封如同往生者写的信。欧文先生拿着信，颤抖的手指无法打开它，他像孩子一样无助，把这封信递给了艾伦先生。牧师打开了这封信并读了起来：

"亲爱的爸爸：当您收到这封信的时候，我应该与上帝同在。这件事最初似乎很可怕，但是我想了很多，现在已经不是那么恐惧了。他们说他们不会把我捆起来，也不会把我的眼睛遮住。我会像一个士兵一样死去。爸爸，我曾经想我会在战场上为我的国家战斗，一定非常光荣，但现在因为几乎背叛了我的国家，我要像一条狗一样被击毙，死于玩忽职守！哦，爸爸，我想知道这种想法是否就能让我死去！我没有令您丢脸。我要写信告诉您这件事，当我死去的时候或许您能讲给我的战友们。现在我却不能这样做了。您知道我答应了吉米·卡尔的妈妈会替她照顾她的孩子，当吉米生病的时候我给了一些帮助。当下令回到队列当中的时候，他并不强壮，前一天行军的时候除了我的行李，我替他扛了他所有的行李。晚上我们进行急行军，要是我不帮他一把的话，他一定会掉队。我们走进营地以后，我累坏了，那时候轮到吉米放哨，我就去替他，但是

爸爸，我太累了。假如一支枪指着我的脑袋，我也没法保持清醒，但是我不知道，直到——直到一切为时已晚。”

欧文先生说：“感谢上帝！我知道本尼不是那种当值的时候漫不经心睡着的人。”

“他们今天告诉我，我会有一个缓刑的时间——我们的好上校说‘给我留下给您写信的时间’。爸爸，原谅他吧，他只是履行自己的责任，如果能够救我他一定会这样做的。也不要把我的死归罪于吉米。那个可怜的小子伤透了心，一直求他们让他替我而死。

“爸爸，我不敢想妈妈和布洛瑟姆，请您安慰她们。告诉她们我死得非常英勇，当战争结束的时候她们不会为我感到羞耻，她们现在一定要知道。上帝请帮助我，这种痛苦难以承受。上帝似乎在我身边，让我感到很亲切，上帝似乎因为他那伤心的可怜孩子而感到非常难过，他一定会把我带在他的身边，我会过得非常好，非常好。”

欧文先生严肃地说："阿门，阿门。"

"今晚我将看见所有的牛从牧地回到家中，还有可爱的小布洛瑟姆站在门廊后面等我回来，但是我再也不能回家了！上帝保佑你们！原谅您的可怜的本尼。"

那天晚上晚些时候门廊后面的那扇门轻轻地打开了，一个小女孩悄悄地走出来，沿着小路走到通往米尔车站的大路上。她似乎就要飞起来了，头既不看向左边，也不往右边瞧，只是不时地看着天空，合起双手就像在祈祷一样。两个小时以后，这个小姑娘来到米尔火车站，等着晚上那班火车的到来。当列车长伸手把她拉到车上的时候，借着手里提着的昏黄的灯，他很诧异地发现这个小女孩的脸上还带着泪痕。

他问了几个问题，小女孩把现成的答案告诉了他。没有谁的父亲像布洛瑟姆的父亲那样体贴地照顾着他那唯一的孩子。她要去华盛顿找林肯总统挽救她的哥哥。她随身带着本尼的信，没有哪个总统不会被本尼的信所融化。第二天早晨当他们到了纽约，列车长匆匆地把她带到华盛顿。现在要争取每一分钟来挽救哥哥性命。

总统完成晚上的工作，正坐下来，这时候门轻轻地打开了，布洛瑟姆握着双手忧郁地走到了他的面前。

他用非常友善且愉快的语调问："孩子，你要做什么？"

布洛瑟姆支吾着说：“先生，我要挽救本尼的性命。”

“本尼？谁是本尼？”

“先生，本尼是我的哥哥，他们因为他在岗位上睡觉要枪毙他。”

“哦，我想起来了，在岗位上睡觉真是一个灾难，孩子，你看，这会引发特殊的危险。由于他的玩忽职守可能会让成百上千个人丢掉性命。”

布洛瑟姆严肃地说：“我的爸爸也是这样说的。但是先生，可怜的本尼太累了，吉米非常虚弱，本尼做了两个人的工作，本该由吉米值守，而不是本尼。因为吉米太累了，本尼没有为自己考虑，虽然他也很累。”

这位和蔼的人急切地想向孩子询问并弄明白这个看起来似乎是为过错进行辩护的理由，他问：“孩子，来这里，你说的是什么？我不明白。”

布洛瑟姆走到他的身边。他把手轻轻放在了她的肩膀上，布洛瑟姆苍白焦急的脸对着林肯总统。他显得多么高大！而这么高的人就是美国的总统！布洛瑟姆的脑海中此时滑过这样一种模糊的想法，但是她简单地向总统先生讲了整个故事，并把本尼的信递给了林肯总统。总统读得非常认真，然后拿起笔快速写下了几行字，然后按下了电话铃。布洛瑟姆听到他下了这样的命令："迅速处理这个急件。"

总统先生回过头对小女孩说："孩子回家吧，告诉你爸爸，虽然他赞同这个国家以那样的判决方式夺走一个孩子的性命，但亚伯拉罕·林肯认为人的生命更宝贵。本尼已经勇敢地直面死亡，他回来需要换身衣服，他应该与你在一起。"

布洛瑟姆说："先生，上帝保佑您！"

两天之后，年轻的士兵与他年幼的妹妹来到白宫，他被带到总统先生的专用房间，他的肩膀上系着一条皮带。林肯总统说："这个士兵愿意扛起生病战友的包袱，并毫无怨言愿意为他的行为受死，值得受到国家的礼遇。"

然后本尼和布洛瑟姆一起回到在绿山的家中。一群人围在米尔火车站欢迎他们回来。农民欧文双手紧紧抓住他的孩子，眼泪从脸上流了下来，他大声地说："感谢主！"

点评：

当一个人触犯到军队法律，是否还有回旋的余地？这篇文章给了我们很多启示，很多事情的发生并不是表面看的那样简单，一件事情，只有深入去调查了解才会接近真相。当真相大白时，美国总统选择宽恕犯错的士兵，因为这位士兵因帮助别人而犯错，并心甘情愿接受惩罚，他是勇敢的。但是当法律遇到真情，是否真的可以网开一面？这是个值得商榷的事。

双桅船的毁坏

导读

当“我们”的船在航行时遇到危险，波涛随时没过“我们”的头顶，“我”几乎被风浪弄得晕头转向。船上的人在面对危险时束手无策，而船长则陷入了走神儿状态——这条船犹如他的妻儿——而它马上就要被风浪与暗礁摧毁。而“我”因为没有抓牢船舷掉入海中……“我”将如何度过死亡危机？

到此时，我们已经避开爱奥那岛开始沿着茂尔岛航行，我们的船不时地从一边转向另一边来避开暗礁，但在海风中依然贴靠着海岸前进。海岸尽头潮汐拍岸而起，把双桅船团团围住。船长双手抓着舵柄，他有时候会需要借助别人的帮助，那时就奇怪地看到三个强壮的男人把他们的重量压在舵柄上，像有一个生物在与他们较量，要把他们统统赶回去。这往往是船最危险的时候，特别是海上出现障碍物的情况下。

瞭望哨从桅杆上大喊："离开一点儿，迎风方向有暗礁。"

这时候潮水拍向双桅船，使船帆偏离了风向。船在风中如同陀螺一样打转，随后就碰到暗礁，把我们四仰八叉地摔在甲板上，桅杆上的瞭望哨差点儿从他的位置上被摇晃下来。我立马站起来。我们碰上的暗礁在茂尔岛西南端之下，离一个名叫伊锐德岛的小岛很近，这块礁石又低又黑，躺在我们的左舷一侧。有时候汹涌的波涛在我们头上碎裂开来，有时候它碰到暗礁之上可怜的双桅船，所以我们能听到水花四溅的声音。航行当中产生的巨大声音、海风的呜呜声、海水在月光之下飞溅开来以及危险来袭的感觉，让我觉得某种程度上我一定是晕头转向了，因为我几乎不明白我所看所见的东西。

现在我已经看到水手们在小艇旁忙乱着，但我头脑依然一片空白。我匆匆地去帮他们，刚开始工作，我的思绪就变得再次清晰起来。这不是一件容易的工作，因为小艇的位置在船腹，四周满是固定物，而巨大的海浪不停地让我们停下来，我们都用尽了所有力气。在此期间，能够活动的伤员也爬上前舱提供援助，虽然剩余的人绝望地躺在他们的铺位上，尖叫着、祈祷着请求援助，这种情形令我烦恼。船长没有参与。他似乎已经变傻了，他拉着横桅索站在那里，自言自语地说着什么，当船撞在岩石上的时候，他又大声地呻吟着。这艘双桅船就如同他的妻子与孩子一样，他似乎跟着它而蒙受了痛苦。

我们只留下一名伤员留意海上的情况，给我们警示。我们准备好正要把船放下去，这时候听到他发出一阵尖叫，他喊道："我的天哪，大家抓牢了！"从他的语调中我们意识到一定是发生了不同寻常的事情。随之而来的一道巨浪掀起了双桅船，把甲板梁掀翻了。不管是提醒声来得太晚，还是我抓的不牢，都无从知晓，但是船突然倾斜，我从船舷墙上落入海中。

我沉了下去，并灌了不少海水，然后我浮了上来，看到了月光在闪烁，接着又沉入水下。他们说沉入水中三次就会永远沉下去。

我不像其他人那样想，因为我不想描述我到底沉入水中多少次，或者又浮上来几次。我被浪花翻了出来，接着浪花又拍在了我身上，我要窒息了，然后灌了好多海水。这件事情分散了我的心智，但我既不害怕也不伤心。

现在我发现自己抱着一根圆木，在某种程度上帮了我大忙。然后突然我落入了静悄悄的海水中，我的直觉开始恢复过来。我抓住的是备用的横杆，我很惊讶地发现我离开双桅船的距离如此之远。我高呼着，打着信号，但是完全无法被别人听到。我紧紧抱着横杆，但不管他们是不是放下了救生艇，我都离得太远，我在海水中下沉，难以被人发现。

当我冲着双桅船打招呼的时候，我发现我们周围是一大片海水，没有巨大的波浪向我们扑过来，但即便如此，白色的浪花在我们周围汹涌起伏，在月光之下翻腾，带起一圈圈水纹和泡沫。有时候整片海在涨落当中到了另一头，就像一条活生生的巨蟒的尾巴，有时候一眼望去，这片海又完全消失了，接着再次翻滚而来。我猜不出来这是什么，因为这一次我开始感到恐惧，我现在知道那一定是急潮，我被快速带到很远的地方，并在浪花中猛烈翻滚，最后似乎海浪厌倦了这种游戏，用力把我和横杆甩到近陆边缘。

现在我平静地躺在海面上，开始感觉在海上除了被淹死，一个人也会死于寒冷。已经逼近伊锐德岛的海岸，在月光之下，我能看到石楠色斑点以及岩石上云母的反光。我独自思量："要是我还不能尽快离开，那就怪了！"

我已经不能游泳，但是我用胳膊紧紧抓住横杆，用两只脚使劲踢打着水花，很快我发现自己在移动。这样做非常费力，前行缓慢，但是大约一个小时的踢打和拍打，我来到四周都是矮山环绕的沙滩。

这里的海水非常宁静，也听不任何海浪的声音，月光清透，在我心底我想着自己从来没有见过一个如此荒凉的不毛之地。但是这是一片干涸的土地。我终于感觉海水变浅，我能丢掉横杆用脚在沙滩上行走的时候，我说不出自己是疲倦多一些还是感谢多几分。我如此感谢自己永远信任的上帝，虽然没有更多的理由。

点评：

人生犹如海上行船，你需要掌握好方向，尽可能地避开暗礁与风浪。但是世事犹如变幻莫测的大海，人们无法掌握。"坠海"时若是恐惧与挣扎，会发现自己越陷越深，而一旦心平气和，反而找到了"生命"的出路。这篇文章具象的海难事故衍生出的意蕴可谓深远。

【第三章】

绿野仙踪

全世界最美的课文·加拿大语文

初中版

云雀之巢

导读

把巢筑在稻田中的云雀，面对幼小的孩子们对农夫即将收割稻谷的紧张与焦虑，它要如何应对？

云雀一度把巢筑在稻田里，不久之后鸟巢被掩盖在起伏的稻谷当中。

它在巢中产下几枚小小的蛋，然后把它们包裹在温暖的胸脯之下。很快四只小云雀从鸟羽之下探出头来，嗷嗷待哺。

现在云雀必须到处寻找食物，哺育饥饿的小鸟。鸟妈妈飞来飞去，忙着喂它的幼鸟。

它们一天天长大，个头儿越来越健壮。当幼鸟看到鸟妈妈的时候，它们总是抬起头拼命呼唤鸟妈妈。

有一天它们充满极大的恐慌，叽叽喳喳地对云雀说："妈妈！妈妈！农夫布朗说他要找人来割麦子。"

鸟妈妈欢快地说："孩子们，不要担心，我们藏的地方很安全。"说完以后云雀飞走了，去为另一张嗷嗷待哺的嘴巴寻找食物。

第二天幼鸟们继续把同一个故事讲给云雀听。

"妈妈！妈妈！农夫布朗说他要找人来割麦子，麦子长高了。"

鸟妈妈欢快地说："孩子们，不要担心，我们藏的地方很安全。"说完云雀又飞走了。

接下来的晚上，四只小云雀齐声啁啾，它们说："妈妈！妈妈！农夫布朗说他明天要亲自割麦子。"

鸟妈妈说："啊，现在我们必须离开了，因为明天要收割稻谷了。"

第二天这件事真的发生了。农夫布朗早早起来收割稻谷，他挽起袖子，背着镰刀。小云雀们张开稚嫩的翅膀，一起飞走了。

点评：

云雀面对农夫的话，没有盲目听信，而是审时度势地做出自己的正确判断，从而收获成功。人类也应该向云雀学习，不盲从、不盲信、有条不紊地度过自己的一生。

橡树如何成为林中之王

导读

一棵橡树为了给他人提供温暖，把自己弱小的身躯奉献出来，甚至为了挽救旅人的生命，自己化为灰烬也在所不惜。这一切被精灵们看到了，那么精灵们会为它做什么呢？

你听过橡树变成林中之王的故事吗？

很久以前，在那些被遗忘的日子里，橡树是一株平常的小树苗，孤零零地长在森林中。没有人为它驻足停留。劲风吹过，树干被吹弯了，树叶稀疏零散，橡子是外壳粗硬的小球。

但是长在橡树底下的花知道这儿还有一棵小橡树，并感谢它每天温柔地为自己遮风挡雨。

橡树伸开枝叶滤过阳光与雨露，树底下花儿感觉自己安稳地躺在温暖的怀抱中。当橡树低下头去看花儿盈盈的脸庞，小橡树的每片叶子颤抖着，温柔地在微风中喃喃细语："能够为我所珍爱的花儿活着多么甜蜜呀！"

小鸟知道这里有一棵小橡树，它们喜欢把巢筑在橡树的树枝上。

在一个晴暖的春日早晨，一只小小的啄木鸟"咚咚咚"敲着橡树。它问："我能跟你住在一起吗？"

一个微弱的、尖锐的声音大喊："哦！不要让它住进来，它会在你的树干上啄出一个洞来！"橡树犹豫了，每一片叶子也屏住了呼吸，但是它讷讷地、温柔地说："啄木鸟必须有一个家。"然后它清脆地招呼道，"进来吧！"

啄木鸟用它又尖又硬的喙插入橡树中，啄出木头来，橡树上被啄出一个大洞，大到能为其筑一个窝。橡树很开心，因为啄木鸟终于找到一个家。

小松鼠知道这里有一棵善良的橡树，橡树总能为自己供应橡子。它必须储存过冬的食物，迎接寒冷的天气。所以小松鼠跑去找友好的橡树，请求它分给自己所有的橡子。

一个纤细的声音叫了起来："不要把你的橡子给松鼠，橡子明年就能长成小橡树。”

橡树的每片叶子都在颤抖，但它说：“漫长又严寒的冬天就要到了，小松鼠必须储备过冬的食物。”然后橡树把橡子摇了下来，它说：“小松鼠，橡子在这里，把它们都带走吧。祝你在这个寒冷的冬天过得温暖又开心！”小松鼠带走了橡子，并拖到自己过冬的窝中。

寒冷的冬天来了，候鸟飞走了，花儿和叶子在雪下沉睡，橡树孤零零地站在那里。

一天晚上，林间暮色袭来，一位旅行的人穿过这片森林。离家太久，他被冻僵了。当他走过来的时候，橡树听见他说：“我该怎么办？我一定会死在这个寒冷的夜晚。”听完，橡树伸出细枝去碰行人。

风尖叫道：“哦，请不要这样做！”

但是橡树没有听从风的意见。它说：“善良的旅客，捡起我的树枝，搭一个火堆温暖你的长夜，请不要死掉。”于是行人砍下橡树的树枝，用树枝搭了一个火堆来取暖，然后躺在火堆边上睡着了。

火苗越燃越旺，黑暗中火堆越来越亮。火焰越来越高，这棵橡树的火焰不断腾起，甚至比森林中所有的树都要高，远远高出它们的树冠。

精灵们借着火光在整个晚上为这棵非同寻常的橡树编织绿叶。叶子光滑翠绿，并刻上精灵的样子，森林当中没有一片叶子上刻有精灵的模样。其他精灵为这棵树刻上橡子，这些橡子美得不同寻常。

火焰变亮又变暗，变暗又变亮，直到早上朝阳的光辉投射在这棵壮观的橡树上，它繁盛的树枝装裹了鲜活的绿色，数百颗橡子挂在枝头。

悦耳婉转的鸟儿在树叶之间唱歌，美丽的花儿在树下绽放。林中传来一个声音："看，林中之王！"每一棵树都发出回响："看，林中之王！"

点评：

童话里的故事暖人心肺。时时刻刻为他人着想的橡树奉献出自己生命的那一刻，获得了精灵们的青睐与朋友们的尊重，最终也获得了它应得的荣誉。现实中，我们应该不在损害自己的情况下，多为他人着想，尽力帮助别人。

枫树

导读

这是一粒枫果的奇遇记。它从一粒小果实，变成种子生根发芽，长成一棵参天大树。它见证了一对老人的生死爱恋，它想去安慰老人，但是它被风吹倒了。每一个阶段它都认为到达了终点。可是它知道，那也许只是开始。

在高高的枫树枝头长着一粒枫果。春天，树枝轻轻地摆动，枫叶发出沙沙的声音，唤醒了枫果。每天在半睡半醒中，枫果从枫树上汲取所需的养分，在阳光底下懒懒地伸展开来。现在枫果的一对翅张开了。

枫果内心小小地翻腾了一下，它说：“太稀奇了，这一定是一个错误。我又不能像蜜蜂一样拍动翅膀。”那对小小的翅膀似乎是枫果长出来的，又似乎不是它的，这种情况令它困扰。它想：这一定是别人的翅膀。之后它总是时刻留意是否有一只有翅膀的蜜蜂或蜻蜓，但是它没有发现任何这样的蜜蜂与蜻蜓。

在炎炎夏日的正午，在倦热的漫漫月夜，叶子闷热难耐垂了下来。枫果对垂在树枝旁的一片叶子——也是它最亲密的朋友——说：“我多么憔悴啊！这样的天气让人脆弱。”但是叶子没有说话，因为接着叶子从枝头打着旋儿、不情愿地掉落在地上。

枫果喃喃低语：“啊，我懂了。”所以有一天当狂暴的风吹动着枫果，把它旋转着吹上天空的时候，它丝毫不感到惊讶。

它想：我要走了，这就是终点。

微风蔑视地撇撇嘴，它说：“多么无知啊！”微风看过太多的事情，它鄙视地看着涉世未深的枫果，然后枫果被风刮到地上的裂缝里。

枫果坚持说：“虽然如此，这一定是终点。”无怪乎它这样想，枫果躺着的地面又黑又冷。一片困惑的云俯得低低的，为枫果哭泣。令人惊奇的是，枫果在温暖与潮湿的环境中竟然开始生长。

枫果想：假如是这样的话，我一定会爆炸，那样我一定会死掉的。发生爆炸又如何能活得下去？

但是枫果想错了，它没有死掉。一种未知的、神秘的力量支撑着它。它的根从棕色的土地里找到了食物，它把纤细的茎伸入纯净的空气里，伸入温暖的阳光中。经过了春夏与秋冬，一年又一年过去了，小小的枫果不断地生长，直到由一株小树苗长成了一棵美丽的、枝叶繁茂的大树。

这棵树说："啊，我曾经多么愚蠢！"

站在树底下的草地上感觉非常惬意，一对住在附近的老夫妇在天气晴好的时候坐到树底下。老夫妇让枫树想起了过去见到的那些颤抖的、脆弱的叶子。他们来到树下纳凉，枫树感到很开心。

一年又一年过去了。老人蹒跚着脚步独自坐在枫树树荫下。他弯着腰，满脸悲伤。

这棵树叹了口气，它说："唉，我知道，老人一定是丢掉了自己的叶子，感到很脆弱。要是我能告诉他这不是终点就好了！"

很多灿烂的日子过去了，但

是老人没有来。枫树断定老人可能被风吹走了。它自言自语地说："要是他知道他还能继续生长该有多好。假如有人知道生长在黑暗中并非如此痛苦就好了。"

一场暴风雨来临了。天空变暗了，风咆哮着，大雨落了下来。枫树被连根拔起，树枝被折断了。第二天来了一些拿着斧子的人，他们把枫树砍成小块儿，并拖到屋子里。

枫树问："这是终点吗？"但这不是终点，有一天它们被堆在一间又大又温暖的屋子的壁炉旁。老人握着扶手探下腰，靠近深红色的火苗烤着手。他问："这是那棵枫树吗？啊，这棵树也走了。"

明亮的火苗跳动着，渐渐地变暗了，烧成了余烬，最后变成了灰。壁炉变凉了，老人静静地坐在扶手椅上，离世了。

枫树发出隐约的耳语声："他知道吗？这并不是终点。"

点评：

这篇童话很有哲学意蕴：一个阶段的结束，相对于另一个阶段又是开始。在不同的阶段会遇到不同的人，不同的风景，每个阶段都有着各自的意义。人生也是如此，终点亦是起点，存在即有道理。

椅子说

导读

高脚椅与摇椅同住一家，夜深人静时，它们聊起天来，它们一起回忆起还是一棵树的日子，两把椅子对目前的生活有着不同的见解。我们一起听听它们对现在生活的意见吧。

蕾切尔的小摇椅被放在起居室的窗户下边。宝宝安娜的高脚椅摆在桌子旁。

屋子里静悄悄的，所有的人都已经睡觉了。除了厨房架子上的旧闹钟发出嘀嗒嘀嗒的声音，屋子里没有任何声音。一只耗子不停地啃食着，希望爬到储藏室里。

那天晚上月亮很圆，从起居室的窗前往外看，它就像一张又大又圆的银盘。屋子里的一切清晰如白天，摇椅和高脚椅能够看清所有的东西。

温柔的月光投射到起居室刷了漆的地板上。摇椅发出一声叹息。

它说："就是这片月光，我过去住在林子里常常能见到这片月光。和过去一样圆，一样皎洁。我一直喜欢这样的月光。"

高脚椅问："所以你也住在林子里？请问在林子中的时候你叫什么？"

摇椅回答说："我以前是一棵枫树。你呢？"

高脚椅说："你不知道吗，那时候我是一棵橡树？"说完它站得更高耸一些。

高脚椅对自己的历史很骄傲。摇椅暗暗发笑。

它说："那些日子很难说清楚什么是橡树，什么不是。假如你在林间，我可能会看到你。"

高脚椅回应说："哦，是。我的树枝三英尺长，在我看来我的枝叶伸展开能够遮挡住整个小树林。"

"至于说我的叶子，我相信，我那成千上万片叶子就像镜子一样鲜亮光滑。还有我的橡子，那是何等的盛宴！我撒播的橡子足够形成一片森林，从这里能够延伸到海的那边；我还给许多松鼠和蓝松鸡提供了食物，假如你能活到一百岁，就能数清楚到底有多少只。”

摇椅喃喃地说：“真好！我相信松鼠一定很爱你，蓝松鸡也是。你过去一定十分强壮、十分高耸、十分宏伟。”

高脚椅弯腰表示感谢，但是它从来不曾了解。你要了解橡树并不那么容易，但是美言美语令它很开心，它豪迈地说：“我想你肯定愿意看看过去我的样子，但现在跟我说说你的情况。”

摇椅说：“哦，过去那些日子真美好！我站立在舒适的田野上，靠近一片湿地。我灰色的树皮那样光滑，我的树枝细长又优雅，在春天我开出红色如珊瑚的花朵，我的叶子比你想象到的更雅致、更优美。”

它顿了一下，然后说：“我知道橡树叶子也非常美丽，但我是枫叶。我的种子叫枫果，不同于你的橡子，我的枫果有一对翅膀。翅膀成双枫果就能借助翅膀飞走，并把它们隐藏于松软的山谷里，这样新的枫树树苗就能长出来。

“知更鸟过去常把巢筑在我的树枝上，孩子们喜欢在我脚下的树荫里玩耍。过去那些美丽的日子，我永远永远也不会忘记！”

高脚椅问：“但是朋友，你是如何来到这里的？”

摇椅回应说："我从来没有告诉过你吗？有一天非常糟糕，有些人肩头扛着斧子。我希望我能忘记那一天。他们不断地把斧头砸在我的树干上，如同落雨一样，直到我倒下。我从头到脚都在不断颤抖。

"我简直不知道接下来发生了什么。我被人用斧子砍与砸，拖到这里，抬到那里，被切成碎片，但是我从来没有梦到过有一天我会以这种新的形状出现在这里。"

高脚椅说："这是多么让人悲伤的变化啊！"

枫树轻轻地回答说："我过去也这样想，但是做成一个小女孩的摇椅是一件多么甜蜜的事情啊。

"当小蕾切尔坐在妈妈的旁边，听着妈妈讲故事，用小小的手指头捏起第一根针，这时候我真高兴自己在她身旁。

“有时候我觉得我站在土地中对这个世界贡献更大一些。”

高脚椅说：“或许吧，但是你又不知道一棵橡树的感觉。我如此高耸，如此强壮，如此垂直！我的树枝上能够负担一支部队。看我现在这副样子，我有什么用？”

摇椅说：“唉，你不懂。小宝贝需要一把坚实耐用的椅子。她如此虚弱，如此幼小，大家都想她更加强壮一些，对她更温柔一些。你应该开心，你也能帮助她。

“或许你最开心的日子还没有来。你不应该离开这个家。”

高脚椅带着一丝喜悦说：“或许如此，但是我更怀念我在林中的日子，怀念向着微风伸开坚实臂膀，怀念月光洒在我身上的日子。”

点评：

回忆往昔，总是美好。再美好的日子也已经过去，那么不如遵行“既来之，则安之”，活在当下，做好当下的自己。

游戏屋

导读

女孩们建造了一个游戏屋，她们一起装扮着属于她们的屋子。一天，当她们听说一位老太太无家可归，她们会做出什么样的选择？

我曾经认识两位小女孩，她们的名字分别是埃塞尔和伊娃。她们俩有一个游戏屋，那是我这辈子见过的最好的游戏屋。

她们的游戏屋坐落于一片果园里，而这个游戏屋不亚于一所真正的房子。

这座游戏屋属于一位和蔼可亲的朋友，她让这两个小女孩使用。

游戏屋有两个房子，房子里分别装了窗户和门，另外还有一个小小的门廊，门廊上面覆盖着一层葡萄藤。这位朋友跟孩子们说，她们可以按照自己的想法和喜好装饰房子。

埃塞尔和伊娃在那里度过不少欢乐时光。埃塞尔的妈妈给了她一个被包起来放在地下室的小小的旧火炉。两个女孩把黑漆涂在火炉上面，令其变得光泽如新。伊娃的爸爸给了她俩一些炭、木头和刨花，她们把这些东西装在了一个大盒子里，然后放在屋子后面。

她们给地板刷了漆，盖上漂亮的毯子，并拿一个大箱子做了一张桌子。伊娃的阿姨玛丽给了她六把椅子，两个女孩用圣诞节收到的钱买了一些碗碟。

她们发现自己可以用小火炉做蛋糕、馅饼和面包。有时候她们会在周六早上早早来到游戏屋，整日待在这里。她们给窗帘缝了精美的花边，在墙上挂上图片，并把书摆放在书架上。

她们还种了牵牛花，牵牛花长啊长，一直爬到了窗户上，让这个小小的游戏屋看起来非常吸引人。我想象不出还有什么游戏比两个小女孩所拥有的这些欢乐时光更开心。但是最让人开心的那部分我还没有讲出来。

有一天，两个女孩在家里学习。她们听到父母在谈论一位无家可归的老太太。

妈妈伤心地说："我担心她，必须得去贫民院。"

埃塞尔哭着说："哦，妈妈，如果我们帮忙照顾她，她能住在我们的游戏屋里吗？"

伊娃也说："让我们照顾她吧，我保证她在那里会过得很开心。"

妈妈说："那样的话你们需要非常努力去做，需要做很多事情让她开心。"

她们祈求道："请让我们俩试一下吧。我们非常愿意倾尽所能照顾她。"

于是妈妈同意了，老太太在整个漫长的夏日一直住在她们的游

戏屋里。孩子们履行了自己的诺言，尽一切努力让老太太过得很快乐。

对她们来说这难道不是一件开心的事情吗？她们的游戏屋难道不美好吗？

点评：

房子无论如何装饰都只是一间房子，但是如果住在里面的人拥有爱，能感受到爱，那么它就会成为这个世界上最温暖的地方。

【第四章】

寓言来了

全世界最美的课文·加拿大语文

初中版

城里的老鼠和乡下的老鼠

导读

乡下的老鼠接受城里的老鼠的邀请，过上了“城里”的生活，它吃了从来没有吃过的美食，可是为什么它要再次回到物资匮乏的乡下呢？

以前，有一只乡下的老鼠邀请城里的老鼠来它家做客。

乡下的老鼠住在一片宽阔的耕地上，它整日以在篱笆树边上找麦秆和麦根为食。

城里的老鼠认为这种食物太粗糙了。

它问：“你为什么不住在田地里？如此费劲才能换来这少量的

食物。我在城里能吃到所有想要的东西。跟我一起走吧，我让你见识一下老鼠应该吃什么。”

说完它咂咂嘴，乡下老鼠更加感觉饥肠辘辘，然后欣然允诺去拜访城里的朋友。

于是它们一起动身，很快就来到城里老鼠居住的地方。

乡下老鼠在城里老鼠家美美地饱餐一顿。城里的老鼠把面包、大麦、豌豆、无花果、蜜、葡萄干这些食物放到它面前，最完美的是，面前还有一块精致的奶酪——乡下老鼠从来没有尝过这样的美味。

乡下的老鼠简直不敢相信自己的眼睛，它满怀欣喜地享用了这

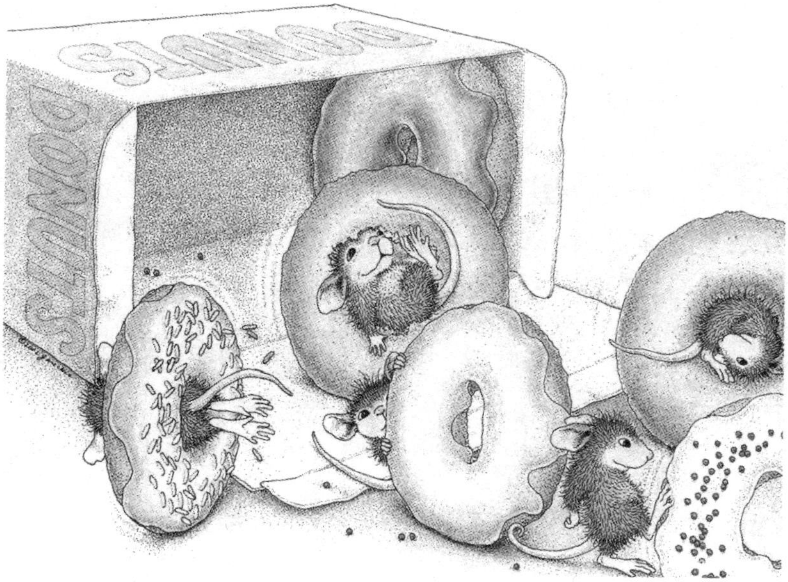

一餐美食。

它对城里的老鼠说：“你说的确实是，与你的食物相比，我的食物如此匮乏。”

但就在此时，厨师打开储藏室的门，两只老鼠飞快地逃走，勉强逃脱厨师朝它们扔过来的扫帚。这种情形在之后屡屡出现。

虽然储藏室的架子上放满了精美的食物，但是不管它们什么时候去用餐，都要提心吊胆，最后惊慌逃走。

最后，乡下的老鼠几乎快要饿死了，它对城里的老鼠说：

“我非常感谢你的好意，但是我必须走了，你的美餐只能留给你自己。我在犁沟中的食物纵然匮乏与粗糙，但是起码我住得安全。”

点评：

如果人贫穷地活着，但是他是靠自己的努力所获得着，那么他就是自由快乐的。如果一个人依靠别人活着，虽然生活得光鲜亮丽，但是时时刻刻处在胆战心惊中，这样的生活无疑是失败的。

老人和驴

导读

老人与儿子带着一头驴去集市，一路上被人说三道四，他们该何去何从？

从前有位老人，与儿子一起去赶集。他们要把一头驴赶到市场上卖出去。

过了一会儿，他们碰见了几个女人，她们笑着说：“这两个傻瓜在尘土中赶路，什么时候才能想起他们还有一头可以骑的驴呢？”

老人听了她们说的话之后把儿子扶到驴背上，继续朝着集市赶路。

不久，他们碰到一群老人。老人叫起来："真丢人！看那个游手好闲的小子骑着驴，他老子在都是土的路上走。快下来，浑小子，让你爸骑着驴。"

听到这番话，老人把儿子扶下来，自己骑到驴背上。两个人继续赶路去集市。

又过了一会儿，他们碰到一群女人和孩子。这群人对他们说："这大人真丢人！可怜的孩子在尘土中赶路，他怎么能自己骑着驴？"

这让老人很困惑，于是他让儿子坐到他背后。

这样他们一起骑驴去赶集。很快他们看见了一个人，那个人朝

他们喊："啊，这头驴是你们的吗？"

老人说："是的，一点儿不假！"

"让驴负担这么重，你们不感到羞耻吗？看它累成什么样子了？你们抬着它都好过它驮着你们俩。"

老人说："好吧。"于是父子二人从驴背上下来，把驴腿绑在一根杆子上，两个人协力抬驴去集市。

走到一座桥边，他们碰见一群人。这群人哈哈大笑并且说："看，来了两个傻子。"驴听见了嘈杂声，奋力摆脱绳子，结果掉入了河中。

丢掉了驴，老人和儿子掉头往家走。他们想使人人都满意，反而谁都不满意。

点评：

这个寓言给我们的启示是：人一定要清楚自己的处境，对于自己做的事情要坚定。对于外界的干扰要摒弃，否则会让自己处于手忙脚乱的地步。

小鸡

导读

一片叶子落在小鸡的尾巴上，它以为是天塌了，于是奔走相告相约逃命。母鸡、鸭子、鹅与火鸡都相信了它，直到它们遇到了狐狸，狐狸把它们带到自己的窝里，迎接它们的将是什么？

小鸡本不应该出现在农场主的花园里，这时候一片玫瑰叶子落在了它的尾巴上。它惊恐万分地逃离了花园，直到碰到母鸡。它向母鸡大喊："哦，母鸡，天要塌了。"

母鸡问："你怎么知道的？"

“哎呀！我亲眼看见的，我亲耳听到的，天掉了一块，落到了我的尾巴上。”

母鸡说：“那我们逃命吧。”

于是它们一起跑去找鸭子。

“哦，鸭子，天要塌了。”母鸡大喊。

“请问，你怎么知道的？”鸭子问。

“小鸡跟我说的。”

“小鸡，你怎么知道的？”

小鸡说：“哎呀！我亲眼看见的，我亲耳听到的，天掉了一块，落到了我的尾巴上。”

鸭子说：“那我们逃命吧。”

于是它们一起跑，直到碰见鹅。

鸭子大喊：“哦，鹅，天要塌了。”

“请问，鸭子，你怎么知道的？”

“母鸡跟我说的。”

“母鸡，你怎么知道的？”

“小鸡跟我说的。”

“小鸡，你怎么知道的？”

小鸡说：“哎呀！我亲眼看见的，我亲耳听到的，天掉了一块，落到了我的尾巴上。”

鹅说：“那我们逃命吧。”

于是它们一起跑，直到碰见火鸡。

鹅大喊：“哦，火鸡，天要塌了。”

“请问，鹅，你怎么知道的？”

“鸭子跟我说的。”

“鸭子，你怎么知道的？”

“母鸡跟我说的。”

“母鸡，你怎么知道的？”

“小鸡跟我说的。”

“小鸡，你怎么知道的？”

“哎呀！我亲眼看见的，我亲耳听到的，天掉了一块，落到了我的尾巴上。”

火鸡说：“那我们去告诉女王吧。”

于是它们一起跑，直到碰见狐狸。

火鸡大喊：“哦，狐狸，天要塌了。”

狐狸问：“你怎么知道的？”

“鹅跟我说的。”

“鹅，你怎么知道的？”

“鸭子跟我说的。”

“鸭子，你怎么知道的？”

“母鸡跟我说的。”

“母鸡，你怎么知道的？”

“小鸡跟我说的。”

“小鸡，你怎么知道的？”

“哎呀！我亲眼看见的，我亲耳听到的，天掉了一块，落到了我的尾巴上。”

狐狸说：“跟我来，我带你们见女王。”

于是，小鸡、母鸡、鸭子、鹅和火鸡跟着狐狸一起走了。

狐狸把它们带到了狐狸窝，自此以后再也没见它们出来过。

点评：

这个寓言意味深长，当遇到事情时，不去调查核实便人云亦云，听风便是雨，这是乌合之众的特点，而正是这种盲从心理会带来致命的伤害。

【第五章】

生活奏鸣曲

全世界最美的课文·加拿大语文

初中版

一个遥远的国家

导读

孩子们要当船长的爸爸给他们讲航海中的故事，船长讲起了他的奇遇。那是一个寒冷的国家，他们的衣服是由中等大小的四足动物的外皮做成的。他们吃树根，他们会自己酿酒。后来船长又到了一个怡人的地方，那里拿貌似老虎的动物当宠物。而这些地方是哪儿呢？

一个冬天的晚上，当孔帕斯船长坐在火炉旁的时候，孩子们围坐在他身边。小杰克问他："爸爸，请跟我们说一些您在航海中的见闻。您之前讲过，您在航海中所遇到的《格利佛游记》和《辛巴达历险记》中的事情非常有趣，我想您走遍了全世界，一定见过一些令人惊奇的事情。”

船长说：“亲爱的，我保证我从来没有见过小人国或大人国里面的人，我也没有见过黑色磁铁矿山或者是钻石谷。但是我确实见过很多人，看过他们不同的礼仪和生活方式。假如你愿意听这些，那我讲一些我所见到的特别奇妙的事情。”

杰克和所有的兄弟姐妹叫起来说：“爸爸，请讲给我们听。”所以他们紧紧地围坐在船长身边，于是船长娓娓道来。

“有一次，大概是一年当中的这个时候，我来到一个非常寒冷的国家，那里的穷人要想不挨饿非常难。他们穿着部分用某种特定的手艺缝制的平滑柔软的野兽外皮，这种衣物主要是由中等大小的四足动物的外皮做成的。他们居住的地方陷于地面之下。搭建房子的材料要么是石头，要么是被火烧硬的土砖。狂风和暴雨令这个国家的生存环境非常残酷，许多人在屋顶上盖上石头来遮挡冷风和雨水，开口处则盖上某种由人工熔化的沙土或火石做成的透明的石头。因为木头奇缺，如果他们没有从地底下发现用来引火的石头，我不知道他们如何取火。这种石头就像引燃木头的火把一样。”

杰克说：“天哪，这种石头多么神奇！我猜可能类似于我们所称的燧石，当互相摩擦的时候就能产生火星。”

船长说：“我觉得燧石不能燃烧。此外，他们用的石头颜色更深。而且他们的饮食也不同寻常。一些人以鱼为食，他们把鱼挂起来用烟熏烤，直到变成又干又硬的鱼干。同时，他们吃植物的根，或者吃面粉做成的粗糙的黑色蛋糕。这是穷人的饮食。富人吃的是一种白色蛋糕，他们喜欢在面包上抹上一种大型动物的油脂。他们几乎在所有的菜中加入动物油脂，但是这种动物的肉简直无法下咽。他们也喜欢吃许多种可以捕获到的鸟类和牲畜的肉；他们还吃树叶以及许多植物的根茎，一些东西可以完全生吃，而另一些东西则需借助火采取多样化的烹制。此外他们吃一种由牛奶凝制成的固态食物，这种东西加了盐并压成块状。这种食物有一股恶臭，胃虚弱的人一般无法靠近。他们主要饮用一种浸泡了某种干叶子的水。他们告诉我这种叶子采摘自遥远的地方。他们也喜欢把像草一样的植物浸入水中，加上一种发苦的药草，然后使其发酵。我被劝着尝试了一下，起先我认为这种饮料令人作呕，但最后我很喜欢它。这种饮料加入很多配料，令人产生兴奋感。但最令我吃惊的是他们用了一种非常辛辣的酒精，感觉如同液体燃烧剂。因为外观像水，有一次被我当成水喝了一口，立马令我无法呼吸。确实，这种酒精常使人致死，即便如此只要能够获取，许多人依然贪婪地吞食着这种饮料。据说也是由之前提到的种子制成的，这种植物本身无害，且有益健康，即便可制成如此有害的果汁。我相信任何国家都会有一种最为怪异的风俗，我发现在这里莫过于吸一口令人讨厌的烟，还有一些人往鼻子里塞一种反应剧烈的粉末。”

杰克说：“我觉得应该会让他们窒息。”

爸爸说：“我差不多窒息了，当他们这样做的时候我只能站在一边，但老实说，习惯成自然。我很高兴能够离开这个寒冷的地方。一年之后，我偶然遇见一个人，他非常享受怡人的天气，我偶然来到一个满眼碧绿的美丽的地方。绿树和灌木之间长满了各种各样的水果和蔬菜，这些果蔬为居民提供了大部分食物。我尤其喜欢某种长成串的浆果，有的是白色的，还有一些是红色的，味道酸酸的，这些果实是透明的，从果实里面似乎能看到田野里那些香味四溢的花朵。他们告诉我豆荚里孕育着种子，种子是人和野兽优良的食物。许多鸟让林间有了生气，我很喜欢某种特殊的鸟，无须

教它说话，它的鸣叫如同鹦鹉一样清晰，虽然实际上不过是单个字的重复。这些人相当温和有礼貌，懂得许多生活的艺术。他们的衣着多样。许多人穿着由专门种植的茎秆长纤维做成的一层薄薄的布，他们把植物茎秆浸入水中，然后用大木槌反复敲打。还有一些人穿着由某种植物的绒线纺织而成的衣服，这些植物长在灌木丛中的豆荚上。而有一种精美光滑的材料非常引人注目，主要是富人阶级使用。据我了解，这种材料是由毛虫的网制成的。如同我所见到的那样，假如我们考虑过有足够数量的毛虫可用于生产如此庞大的东西，这种情况多么令人震惊。这些人的衣着非常了不起，尤其是妇女们的衣物，包括许多难以描述的物品，非常怪异地伪装了身体的形状。在很多情况下，他们似乎非常讲究干净。但是有时候，霍屯督人几乎难出其右，尤其是他们梳理头发的方法。他们用猪油以及其他动物的油脂让头发不再软塌塌的，这种油脂里混有各种颜色和成分的粉末。就像大多数印第安人一样，他们在头上装饰以羽毛。

有一件事非常令我吃惊，那就是他们的屋子里养了一只像老虎一样的动物。这只动物有着可怕的爪子和牙齿，尽管天性残忍，却与屋里最纤弱、最胆小的女性为伴、嬉戏，或得到她们的抚摸。”

杰克说：“我确信自己不会与这些动物一起玩耍。”

船长说：“哎呀，你要跟它们玩有可能被严重地抓伤。这个国家的语言似乎非常刺耳，对于外国人来说难以理解，但是他们彼此交流起来轻松自如。最古怪的习俗莫过于男人们欢迎彼此的方式。他们拿开头上的东西，拿在手里表示非常尊重。”

杰克说：“哦，就像我们摘帽致敬一样。”

贝齐叫起来：“哈，爸爸！我发现了，你一直在讲我们国家的故事，你讲述的是在此期间国内的故事。”

杰克说：“但是我们不会燃烧石头，也不吃油脂或种子粉末，不会穿兽皮或毛虫的网制成的衣服，更不必提与老虎嬉闹。”

船长说：“不会吗？请问哪种煤炭不是石头？哪种黄油不是油脂？哪粒玉米不是种子？什么皮革不是兽皮？什么丝不类似于虫子的网？难道我们没有把猫看成是像老虎一样的动物，或者把老虎当作是像猫一样的动物？所以假如能想起我描述过的东西，你们会发现，在贝齐的提示下，所有我向你们讲述的奇妙的东西都是我们身边熟悉的东西。但是我想让你们知道，外国人可能认为我们中的一切看起来怪异又精彩，就像我们看待他们的国家一样。同时，我想让你们意识到，有很多我们平常熟悉的东西，我们都没有对它们的本质与属性一探究竟。所以事实上我们熟悉的仅仅是名字，而非事物本身。”

点评：

正如作者所说：平常我们所称呼的很多东西，我们都没有对它们的本质与属性一探究竟。所以事实上我们熟悉的仅仅是名字，而非事情本身。人们身处在一个环境中，完全缺少“陌生感”，从而忽略身边的美与事物本质。大家不妨以“陌生”的眼光去看熟悉的景色与习以为常的生活，也许会有不同的感触。

拖延

导读

一位叫伯纳德的农民赶集之后找到律师，但是他没有什么特定的事情要找律师咨询，只是觉得不应该错过见到律师的机会。律师被他的行为弄得啼笑皆非，于是给伯纳德写了张字条。伯纳德回家后以这个字条为准则过上了很好的生活，那么这张字条上写的到底是什么呢？

有一天，一位名叫伯纳德的农民来郡上赶集。生意处理完以后，离他回家的时间还有几个小时。在这种情况下，也没有什么特别的事情需要处理，他决定去询问一位律师。以前他常听人们谈到有位怀斯曼先生具有极大的威望，甚至法官都不会违背他的意见。

于是，伯纳德询问了怀斯曼先生的地址，立刻去找他。

伯纳德发现许多人等着询问博学且聪明的怀斯曼先生，而他不得不等待很长时间。终于轮到他了，他被带到屋子里。怀斯曼先生让他坐下，然后把眼镜往鼻子上推了下，这样能好好地看着他，等他开始说话。

伯纳德不自在地扭着手中的帽子说："律师先生，我敢发誓，我没有任何特定的事情，只是今天碰巧在郡里，我想如果没有从您这里得到任何意见，我会损失一个机会。"

律师回答说："我很感激您对我的信任。我想您是不是正在打官司？"

农夫说："打官司，我想应该不是。我没有什么痛恨的事情，我从来没跟任何人吵过架。"

"那么我想，你想公平恰当地分割家庭财产？"

“对不起，先生，我们一家人过得很平静，我们不需要考虑分割财产的问题。”

“那么或许你想拟订协议处理买卖？”

“不是！我没那么有钱，没法安置财产；我也没那么穷，也不想卖什么。”

惊讶的律师问：“那么我的朋友，你究竟想让我做什么？”

伯纳德不好意思地笑了，他说：“怀斯曼先生，我想我已经告诉您了，我想要您给我一个意见，我也准备付这个钱。您看，我进了趟城，要是错失这次机会岂不太可惜了？”

律师看着他笑了笑，然后拿起了笔，问农夫的名字。农夫说：“我叫皮特·伯纳德。”他非常满意，律师终于明白他想要什么了。

“年龄呢？”

“四十岁，哦，四十岁左右。”

“职业？”

“我的职业？哦，您问我做什么工作？我是个农民。”

律师依然笑眯眯地在一张纸上写下两行字，然后对折起来，把这张字条递给这个奇怪的客户。

伯纳德问：“这些就够了吗？好吧，那也够了。我想您太忙了，没时间写太多字。那么律师先生，这几行字多少钱？”

“半个克朗。”

伯纳德付了钱以后感到心满意足，向律师打躬又作揖，很开心地拿着律师的意见走了。下午四点他回到家中，路上太累，他决定好好休息一下。然而他的干草好几天之前就割完了，现在已经完全干透。他的一个帮手问：“是否需要把干草搬回来，晚上放在屋里？”

农夫的妻子说：“谁听过要晚上把干草放在屋里？你的主人说他累了，干草明天再放吧。”帮手说：“这又不是他的事，但是天气有可能变，马和车都准备好了，工人们没事干。”

愤怒的农夫妻子回应道，这个季节风向有利，而且他们无论如何黄昏时候也干不完活儿。

伯纳德听到了双方的争执，不知道如何决断，突然之间他想起了律师给他的那张纸。他叫起来：“停一会儿。别人给我一个意见，这个意见非常好，花了我半个克朗。我们参考这个意见就能把事情弄明白。亲爱的，你是一个有学识的人，告诉我们上面写了什么。”他的妻子拿起这张字条，读出那两行字，上面写着：

皮特·伯纳德，今日事今日毕，不要留到明天。

农夫叫起来：“就这样办！快点儿，让伙计们把车弄出去，我们立刻把干草弄回来。”

他的妻子依然抱怨着，但是于事无补，伯纳德非常顽固。他觉得不能白花了半克朗，这是他从律师那里得到的意见，无论如何他都要遵照这个意见。事实上，他以身作则，要求伙计们动作迅速，在干草被弄回屋之前他都没有回家。

不管他的妻子对他的判断持有什么疑惑，他们最终放下心来。

因为那天晚上天气突然发生变化，那个地区突然出现了一场风暴。当他的妻子早上醒来的时候，她看见棕色污浊的洪水流过草地，上面漂着邻居家新割下来的干草。除了伯纳德以外，其他所有农户的干草都遭受了损失。

伯纳德采纳了律师的意见受益匪浅，从那天起，他严格地按照这种说法行事。过了一段时间他变成了那个地区最富裕的农民。他也没有忘记怀斯曼先生给的意见，每年他都会给怀斯曼送去两只肥硕的家禽以回报他的宝贵意见。只要有机会伯纳德都会跟邻居们讲律师的事情，他总说："除了严格遵循十戒以外，再就是要执行一位好律师给的意见。"

点评：

"拖延症"是当下社会最"严重"的病症，在现代社会中，似乎每个人都是"拖延症"患者，做事、读书、见人都要拖拉。你是不是同样面对这样的问题？那么就请记住治疗"拖延症"的秘方：今日事今日毕，不要留到明天。

黄金般的事迹

导读

被子弹击中失血过多的将军想喝点儿水，但是同时一位士兵也需要喝水，他会怎么做？名叫皮特的荷兰小男孩，听到海水从水闸流出，此时万分危急，他会怎么办？因为你知道荷兰是一个平坦的国家，地势较低，一直面临着被水淹没的危险。两个信任的好朋友之间是否真的可以以命相托？

什么是黄金般的事迹？就是我们为了他人而做的事情，他人的利益重于我们的利益。因为在世上，无私的人所做的罕见且无比珍贵的事情像黄金一般可贵。

现在让我来讲一件关于菲利普·西德尼爵士的黄金般的事迹。这位英勇的英国爵士在荷兰参加战役，帮助荷兰人从西班牙暴君菲利普那里争取自由。在一场残酷的战争当中，他被滑膛枪的子弹击中股骨。因为失血过多，他感到口渴虚弱，想喝点儿水。

当把杯子放在干裂的嘴边时，他看到了一位可怜的、垂死的士兵盯着这杯冰凉的水，眼神充满着渴望。他没有喝一口，就把杯子递给这位可怜的士兵，并且说："你比我更需要这杯水。"

让我再来讲述另一个黄金般的事迹。很久以前，在荷兰有一个名叫皮特的小男孩。有一天晚上他回家有些晚，突然惊恐地听到海水从水闸流出，此时万分危急。因为你知道，荷兰是一个平坦的国家，地势较低，一直面临着被水淹没的危险。

皮特停下来思考，假如孔隙未被填上会出现什么情况。他常听父亲讲述那些可怕的灾难，往往由于这样的原因，在短短几个

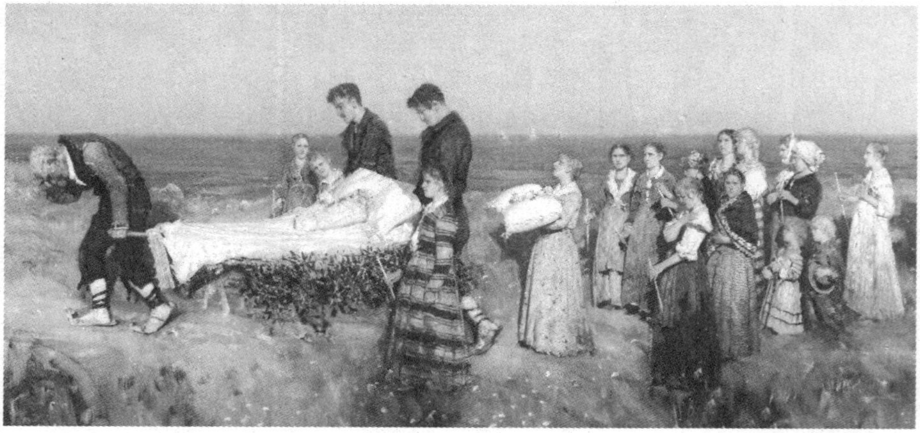

小时之内，小小的缝隙可能造成难以弥补的后果。他又该做什么来防止灾难的发生？而他只是一个小男孩。他坐在海堤上，用手把缝隙挡上，耐心地等待着村民经过。但是没有一个人路过。一个小时又一个小时过去了，只有勇敢的男孩坐在又黑又冷的海岸上，浑身湿冷，瑟瑟发抖，非常疲惫。但是他依然牢牢收紧缝隙，以免海水流过裂口。这个故事剩下的部分是由美国诗人菲比·考小姐讲述的。故事内容如下：

他想到他的兄弟姐妹，
他们躺在温暖的床上安睡着；
他想到他的父母，
他想到自己就要死去以及死后的种种。

他想到长夜结束，
人们最终会来这里找到他。
但他从没想过自己会离开这个地方，
他要牢牢守护。

妈妈在村舍的灯光下忙碌着，
想起了她的小皮特，
想着他整日与她在一起。

现在她像昨天晚上那样，
张望着小路。
但是为什么在阳光之下，
她看到了奇怪的黑色影子？

邻居们抬着什么东西，
径直走到她家门前。
她的孩子回家了，
但是不像以往那样。
她哭喊着：“我的宝贝，他死了！”
父亲听到了哭喊很震惊，
看到母亲所看见的情景，
母亲所惧怕的事情令他害怕，
夫妇恐惧万分——只听旁人说：
“谢天谢地，你的儿子挽救了我们，
而上帝挽救了他。”

在清晨的阳光中，
大家跪在男孩身边，

喜悦的泪水里渗透着虔诚。
自那以后很多年过去了，
每当大海像洪水一样决堤，
男孩们都知道像皮特一样，
勇敢、实在与善良。
这个国家的每个人，
都会牵着孩子的手，
讲述关于小皮特的故事。
多年以后，大家牢记着
很多英雄，
但只有皮特的名字只要一提起来，
都会在眼底饱含着慈爱的泪水。

从婴孩到绕膝的儿童，
人们讲述着他的故事。
只要荷兰的堤坝依然把海陆分开，
他的故事就会被永远传唱。

第三个黄金般的事迹发生在2000多年前，这个故事让戴蒙和皮西厄斯举世闻名。

在锡拉库扎有一位冷酷的君主，人们密谋把他赶出城去。阴谋被发现了，国王要处死所有挑头儿的人。其中一个人名叫戴蒙，他住的地方离锡拉库扎有些远。他问自己是否可以回家与家人告别，他保证会在规定的时间返回并接受死亡的安排。

但是国王不相信他会遵守诺言，于是说："除非有朋友愿意代你坐牢，否则你不能离开。如果你无法在临刑之日返回，我会处死你的朋友。"国王想：一定没有人愿意代替一个被宣告有罪的人接受死亡。

戴蒙有一个非常好的朋友名叫皮西厄斯。他立刻赶来，替戴蒙待在监狱中。就这样，戴蒙被允许离开。国王非常吃惊，但是他遵守了自己的诺言，同意戴蒙在皮西厄斯坐牢期间回家。

许多天过去了，行刑的日子越来越近，但是戴蒙还没有返回。国王非常好奇，想去看看临死之前皮西厄斯的反应，于是他去了监狱。他对皮西厄斯说："你的朋友不会回来了。"

皮西厄斯回答说："你错了，如果能回来，戴蒙一定会在这里。但是他要穿过海面，一定是连日的海风让他偏离了航线。然而，我能替他而死再好不过。我无妻无子，我又如此热爱我的朋友，与其失去他不如让我替他而死，这样更容易些。所以我不断地希望，不住地祈祷，希望在我死后他再回来。"

国王带着更多的困惑离开了。

行刑那天终于到来，戴蒙依然没有回来，皮西厄斯被带到绞刑台前。他大声说："我的祈祷被听见了。我被允许替我的朋友而死。但是记住我的话，戴蒙是忠诚可靠的。你完全应该相信他正在

想尽一切办法赶回来。”

话音未落，戴蒙骑马疾驰而来，马累得口吐白沫！他立刻扑上绞刑台，抱着皮西厄斯说：“亲爱的朋友，感谢神灵让你安然无恙，我无比担心，害怕自己的拖延让你处于危险当中！”

皮西厄斯并不开心，因为如果朋友必须去死，他根本不在乎自己是否能活着。国王听到了他们说的话，被感动了，于是决定给他们自由，只是要求他们也给予他这份友谊。

点评：

正如文章开头所说，什么是黄金般的事迹？就是我们为他人而做的事情，他人的利益重于我们的利益。因为在世上，无私的人所做的罕见且无比珍贵的事情像黄金一般可贵。无私的人不分种族与肤色，不分国家大小，他们都是我们的榜样。

贝多芬的《月光奏鸣曲》

导读

你知道贝多芬的《月光奏鸣曲》是怎样创作出来的吗？那是一个冬天的月夜，贝多芬与朋友一起散步，突然听到悠扬的琴声，贝多芬被琴声吸引并闯入弹奏者的家中，这便是故事的开始。

这件事发生在波恩。一个冬天的月夜，我去拜访贝多芬，因为我想与他散一会儿步，之后一起吃顿晚饭。在经过某个又黑又狭窄的街道时，他突然停住了，说："嘘！那是什么声音？那是我的F大调奏鸣曲！"他非常急切地说，"听！演奏得真好！"

这是一处简陋破旧的住所，我们在外面停下来聆听。演奏者继续表演着，但是在末乐章时突然出现中断，然后传来啜泣声，一个女声说："我再也不能表演了。曲子如此美妙，但是我根本无法演奏出其精髓。我真的不能去科隆听音乐会了吗？"

屋子里她的同伴说："妹妹，没有办法何必空遗憾呢？我们几乎付不起房租。"

"你说得对，只是我多么希望此生能听到真正的好音乐，哪怕只有一次机会也好。但现在什么都无济于事。"

贝多芬看着我说："我们进去吧。"

我惊呼道："进去？我们进去做什么？"

他满怀激动地说："我要给她演奏。这是一种天才相知的感觉，她会理解的。"在我劝阻之前，他的手已经推向那道门。

一个脸色苍白的小伙子坐在桌前做鞋，在他身旁，一个年轻的姑娘哀伤地斜靠着一架老式大键琴，一头浅色的头发盖着低垂的脸。两个人的打扮很整洁，但又非常寒酸。我们走了进去，他们俩都抬起头盯着我们俩看。

贝多芬说："打扰了，我是听到音乐才走进来的。我是个音乐家。"姑娘脸红了，小伙子板着脸，有些恼怒的样子。

我的朋友继续说："我也听到了你们说的话。你希望去听音乐会，你想让我为你演奏吗？我会为你演奏。”整件事如此奇怪，说话的方式如此滑稽，但又很友善。所以过了片刻，大家不自主地笑了。

鞋匠说：“谢谢！但是我们的大键琴质量很差，我们没有音乐鉴赏力。”

我的朋友重复道：“没有鉴赏力！那么，这位小姐……”他停顿了一下，脸红了，因为女孩正盯着他，但他看到这是一个失明的姑娘。他结结巴巴地说：“对不起，我之前没有注意到。那么你是靠听觉来演奏的吗？”

“完全正确。”

“那么你并不常去音乐会，又是从哪里听到的这首曲子？”

“两年前我们住在布鲁尔，我常听见附近一位女士练习弹奏。在夏天的晚上她一般会打开窗户，我来回地走，在外面听她演奏。”

她似乎有些害羞，所以贝多芬不再说什么，静静地坐在钢琴前面开始演奏。当他开始弹奏第一个和弦的时候，我就知道接下来的夜晚多么重要。我没有猜错。我认识他这么多年，从来没见过他的哪次演奏像这次一样，这次他为盲女和她的哥哥演奏。他受到鼓舞，从手指开始在琴键上移动的那一刻起，这件乐器的音色就变得更加圆润，也更加与他的才能相匹配。

兄妹两个人静静地坐着，惊诧之中充满喜悦。哥哥把手里的活儿放下，妹妹轻轻垂下了头，手紧紧地贴在胸前，贴近大键琴的一端，似乎担心她的心跳声会破坏这些奇妙甜美的声音的流动。似乎我们都被捆绑在一个奇怪的梦境里，只是不敢醒来。

突然，蜡烛的火焰跳动着、摇曳着，渐渐变暗。贝多芬停了下来，我打开了百叶窗，任皎洁的月光如瀑布一般倾泻下来。这间屋子就像有灯光那样明亮，月光落在了钢琴和演奏者身上。但是他的一连串思路似乎被这一小插曲给打断了。他的头垂到胸前，手放在膝盖上，他似乎陷入了沉思。就这样过了一会儿。最后，年轻的鞋匠站了起来，走到他身边虔诚又热切地说："多么精彩！"他的声音很低，他问，"你是谁？你是做什么的？"

作曲家笑了，他仁慈、肆意、骄傲地露出笑容，他说："听！"然后他弹奏起F大调的几个小节。兄妹俩惊喜地叫了起来："你是贝多芬！"他们认出了他，他们掩面而泣，他们亲吻着彼此。

他起身要离开，但是我们祈求他不要离开。"请再为我们演奏一曲吧，就一曲！"于是他坐回乐器之前。洁白的月光从窗外照射进来，照在了他杂乱的头发上以及影子上。他深沉地看着天空与星星说："我会为这片月光即兴创作一曲。"然后他的手落在琴键上，他的手温柔地抚过这件乐器，似水般宁静的月光照射在黑暗的地面上。

跟随其后的是一段狂野的精灵三拍子，把两段风格迥异的音乐衔接起来，如同精灵在草地上起舞。接着是一节急速上行、令人兴奋的末乐章，这是一节沉闷、匆忙、颤抖的旋律，带着一种溃退、变化不定且含混的恐惧。我们的思绪被带入其中。

贝多芬把椅子拉到身后，走向门前说：“告辞了。”他们齐声问：“您还会再来吗？”

他停下来，怜悯地、温和地看着盲女的脸，然后急切地说：“会的，我会再来给小姐上一些课。告辞了，我很快回来！”

他们静静地跟着我们，静默的力量胜过了言语，他们站在门口直到我们的声音与身影消失。

贝多芬说：“我们赶紧回去，这样我能靠着记忆力把那首奏鸣曲写下来。”

我们这样做了，他坐在那里直到黎明破晓。这就是为大家所熟知的《月光奏鸣曲》的来源。

点评：

《月光奏鸣曲》被贝多芬描述为“好像一首幻想曲一样”，而这首曲子背后的故事同样美好。当才华遇到浪漫与温馨，灵感便会如泉水喷涌而出，因为人与人之间美好的信任，才会有如此美好的故事与曲子。

塞缪尔·约翰逊的忏悔

导读

年少的塞缪尔·约翰逊因为拒绝了替年老病重的父亲到市场去，而深深地谴责自己。这种自责，使他在五十年后，再次来到爸爸原来摆书摊儿的地方，做了一次深深的忏悔。一样是在雨天，在同一个地方，在同一个日子里，他以自己的行动向已故的父亲道歉。

利奇菲尔德的迈克尔·约翰逊先生一天早上说：“萨姆，今天我感到身体很不舒服，没有精神，你必须替我去尤托克西特照料市场上的书摊儿。”一百多年前在英国的利奇菲尔德，这位老人曾经是一个非常成功的书商，现在陷于此番困境，他被迫每天去位于尤托克西特附近村庄市场上的一个摊位前卖书。

听到迈克尔·约翰逊先生的这番话，萨姆噘着嘴，嘴里嘟囔着，然后看着老父亲的脸，故意大声说："先生，我不去尤托克西特集市。"

约翰逊先生戴上帽子，拿好拐杖说："萨姆，假如是为了你那愚蠢的自尊，就让本应该待在床上养病的可怜的父亲在闹哄哄的集市守上一天，那么我也无话可说。但是萨姆，等我死了，你会想起这件事的。"所以可怜的老人动身前往尤托克西特。头发灰白的迈克尔·约翰逊虚弱且忧伤，在生病的情况下被迫出去，而那个不知感恩的儿子因为自尊心不愿意为父亲或母亲或自己做任何事情，这是多么可悲的一件事情。萨姆看着约翰逊先生面容阴郁地出了门，直到身影完全消失。

萨姆心里想：可怜的父亲，他的头该有多疼，他会有多伤心；

我没有按他吩咐的来，我很伤心。然后男孩去找正在忙家务的母亲。母亲不知道约翰逊先生与萨姆之间的事情。萨姆问："妈妈，爸爸今天病得很严重吗？"母亲说："是的，萨姆。"母亲正在火炉边上煮勉强够糊口的饭，炉火映衬的脸发红，她说："你的父亲病得很严重，真遗憾他没有让你替他去尤托克西特。你现在是个大男孩了，我相信帮你可怜的父亲做点儿事你会有成就感，你的父亲为你做了那么多。"太阳落山以后，老迈克尔·约翰逊慢腾腾地走回家，坐在了常坐的那把椅子上。他没有跟萨姆说什么，甚至没有因为儿子违抗他的命令而说一个字。几年以后，萨姆的父亲过世了，把萨姆留在这个世上，让他独自打拼。

孩子们，小萨姆·约翰逊对父亲铁石心肠这件事已经过去了五十年，又到了尤托克西特村里举行集市活动的时候。在村里的街道上或许你能看到卖牲口的人出售母牛和公牛，赶猪的人赶着一头头尖叫的猪，农民的马车上装满了白菜、红萝卜、洋葱和其他农作物。有时能看见一个红脸农妇追着驮着两大筐黄油和奶酪的马小跑。村里这些农夫、地主及附近地区的其他游客走来走去，买卖、打趣、争吵，如此喧闹就跟半个世纪以前他们的父辈和祖辈一样生活在这里。在街道一侧，小丑表演木偶剧，无论年长年幼，人群中爆发出一阵热烈的笑声。街道对面是尤托克西特的旧石头教堂，常

春藤爬满了教堂的外墙，哥特式的窗户有一部分被常春藤遮掩起来了。这座古老的教堂有一处灰色的塔，教堂里有一座钟，钟表盘上的指针显示就要到正午时分了。

在市场上最繁忙的时候，一个奇怪的老绅士挤过人群。他个子很高，身体胖，戴着一顶棕色帽子，穿着一件小一点儿的衣服和黑色毛纺袜子，鞋上有扣。头上的帽子有三个角，一头浓密的灰色头发杂乱无章地被扣在帽子下。老绅士用手肘把身边的人推开，以独特的步态左右腾挪挤过人群，所以他需要比一般人大两倍的空间。但是看着这位值得尊重的陌生人的脸，没有人胆敢轻率地对他有丝毫无礼之举。虽然他的面容有疤痕，且眼斜口歪，眼睛模糊不清，但是自有一种权威与智慧，让人生畏。所以人们纷纷站在一边让他通过，这样这位老绅士穿过集市，停在了常春藤缠绕的教堂的一角。当他走到这里的时候，钟表刚好敲响十二下。

在陌生人站立的地方，一些上了年纪的人现在记起来了，老迈克尔·约翰逊曾经在这里有一个书摊儿。曾经从这里买过图画书的小孩子现在已经是别人的祖父了。老绅士低声自言自语道：“就是这里！”这个陌生人站在那里，从头上摘下了自己的三角帽子。这是一天当中最繁忙的时候。人群传来的嗡嗡声、牛群低沉的叫声、猪的尖叫声以及小丑引来的笑声交织在集市上，乱成一片。但是陌生人似乎并没有注意到这一点，就像他置身于一片空寂之地。他收起了自己的思绪。有时候他抬起布满皱纹的眼睛看向天空，就像在祈祷一样；有时候他低下头就像无法承受的悲伤压在了身上。他的一系列动作、身子不断地颤抖，面容奇怪的抽搐与扭曲更为其增添了一副威严。

炽烈的阳光照在了无防护的头上，但是他似乎没有感受到太阳的炙烤。一朵阴云遮住了天空，雨珠急速落在集市，但是这个陌生人根本就没有注意阵雨的落下。人们开始凝视这个神秘的老绅士，带着一些恐惧与好奇。他是谁？他从何处来？为什么不戴帽子站在集市上？学校的孩子们甚至也离开小丑表演的摊位，睁大了眼睛看着这位个子高高的样貌奇怪的老人。

我们在故事开头讲述的那个可怜的男孩，那个无依无靠的萨姆就是如今出名的塞缪尔·约翰逊博士。他被公认为全英国最聪明、最伟大的作家。但是即便如此，他的盛名也难以扑灭此生令他痛苦不已的回忆。他从来没有忘记父亲悲伤谴责他的神情。虽然这么多年来老人一直受到回忆的折磨，但是他从来没有原谅自己，他的心底承受着如此重的剧痛。在年老之际，他在中午的时候来到此处，这里正是迈克尔 · 约翰逊曾经摆书摊儿的地方，他要在尤托克西特的集市的书摊儿前进行忏悔。这个出名的老人现在做了年少时代那个可怜的男孩不肯去做的事情。借此表达心底深深的忏悔，他希望不再受到良心的考问并得到父亲的原谅。

点评：

当我们年少的时候，做出的最大叛逆无疑是不听父母的话，以表现自己的独立与个性。就像文中的塞缪尔·约翰逊一样，我们以为无关紧要的事，事过境迁了才后悔莫及。不要等到后悔的时候再去忏悔，善待每一个人，特别是你的父母！

我们的土地

导读

四个孩子，其中一个是狗狗。孩子渴望有一位精灵教母，这样他们就可以实现三个愿望。他们渴望着精灵教母可以给他们一块地，这样就可以放置他们的东西。有一天，其中一个孩子说，他找到了一位精灵教母，并且他拥有了一块地。于是，他们的精彩生活拉开了序幕。

一

我们四个孩子，三个人都有不同的教父和教母。三乘以三是九。但是九个人当中没有一位是精灵教母。这件事情太让我们烦恼了。

这太让人恼火了，因为我们清楚地知道，假如我们有一位精灵教母，假如她能满足每个人三个愿望，靠着九个愿望，我们能够得到所有想要的东西，而且还能够好好照顾佩罗内。对佩罗内来说有没有愿望可能没有关系，因为它只是一条狗。

我们从来不曾知晓是谁想要淹死佩罗内，它是桑迪从水里拉起来的。桑迪救了它的命，然后桑迪带着佩罗内从学校回家。

当我们第一次看到它的时候，它并不那样可爱，虽然我们对它的经历感到遗憾。它浑身湿透了，眼睛闭着。你能看到它的肋骨，它看上去黏糊糊的，毛色很暗。但是当擦干以后，它变成一只可爱的黄色狗，长着一对儿像丝绒一样的黑耳朵。

人们有时候问我们它是哪个品种的狗，我们也不知道，除了知道它是最可爱的那种。

桑迪发现佩罗内的时候，我们非常担心不能收留它。妈妈说我们没法负担，因为养狗需要缴纳一笔税费，此外还要负担它的费用。税费为五个先令，距离付清的时间还有一年。当然一旦它开始住在这里就要支出饲养费用，时间始于我们捡到它的那天晚上。

我们都感到很痛苦，因为我们如此喜欢佩罗内。我们最终决定，如果我们三个愿意把买糖果的钱省下来当它的饲养费，那么就让它留下。对于桑迪来说这一点很难做到，因为他非常喜欢甜食，但是那时候他也非常喜欢佩罗内。所以我们都舍弃了糖果，佩罗内就留下了。

我们以为我们能够攒下佩罗内的税费。我们说在这一年之内，我们会攒下任何便士，哪怕半个便士也好。在这么长的时间我们应该差不多攒够了足够的钱。

那时候我们没有钱，或者应该买一个储蓄罐。但是很多人把钱放在长筒袜子里，所以我们决定也这样做。

但是我们没有合适的长筒袜，因为袜子上有洞。我也没有几双好袜子，但是我们决定在夏天用冬天的袜子，然后当冬天来临的时候，我们可以把钱倒入我的一只夏天的袜子里。

二

我们最喜欢的游戏是过家家。但是不管我们在哪儿造房子，肯定会被破坏掉。假如是在屋里玩，我们会在大桌子底下造一个宫殿，那时候肯定是晚餐时间，然后人们把脚伸进去。

我们搭建的最好的房子是在库房里。那个房子我们偷偷地保存了几个月，然后一堆木头卸到了库房里，

我们最好看的牡蛎壳茶具以及其他东西都被压住了。现在你明白我们为什么需要一个精灵教母，这样她会给我们一个属于自己的玩具屋。

五月初的一天，桑迪四点钟回来了，他对理查德和我说："我有一个精灵教母，她给了我们一块地。"

桑迪非常爱吃东西，他总在口袋里装一块蛋糕。他拿出一块来，张嘴大大地咬掉一口。

理查德问："要一块地有什么用？"

桑迪说："我们能搭建漂亮的房子。"

我说："我不想搭房子了，我们的房子最后总被破坏掉。"

桑迪继续说："确实是一块新地方，你从来没去过。"

理查德问："你怎么去的那里？"

桑迪说："我得到了精灵教母的指点。"

我说："你嘴里有东西的时候不要说话。"我对他有一块地的秘密非常冷淡。

桑迪脾气很好，他只是笑笑，然后说："一起来嘛，我给你们看！"

他带着我们沿着斜巷走。巷子尽头有一段阶梯，走过去你会走入一片地里。当你爬过另一段梯子，你会走入另一片土地。

此刻，桑迪带我们穿过篱笆墙上的一个洞，然后经过带有阶梯的另一道篱笆，我们走入了一块土地。当我们爬过了这段阶梯，桑迪挥舞着右手说：“这是我们的土地。”

这是一片可爱的田地，被篱笆围起来，上面覆盖着白色的花朵。田里长满了流星花。当然我知道童话不是真的，但有那么一个时刻，我确实相信精灵教母的存在。

我对桑迪说：“请你原谅我，不该对你说‘满嘴食物的时候不要讲话’。这是我所知道的最好的一片土地。”

三

桑迪说：“坐下。”

我们都坐在篱笆下面。

桑迪继续说：“我们身后有紫罗兰。你们能闻到紫罗兰的花香吗？看这里！”桑迪摸着草和棕色的叶子，我也这样去做。

理查德说：“正如桑迪所说，这是风信子，看风信子绿色的茎！”

桑迪说：“像豆子一样厚。这片河岸几周之内就会变成一片蓝色。地里会长满大量蕨类。在这里有一个鹪鹩的窝。在这片地的尽头有一条小溪，小溪中有淡水虾。我觉得我们可以在这里玩开商店的游戏。只是需要再等一等。”

我对桑迪说：“这里太好了！”

桑迪说：“最好的部分还没有到。我很想明天再说。你们猜猜是什么？”

我们向来猜不出，于是努力取悦桑迪让他告诉我们。最后他大喊：“一次只能讲一个秘密。这棵树是空的，过来看！”

我们的心中充满喜悦。这棵树从表面上看像实心的，但是当我们走近了观察，在篱笆旁边有一个门。我爬了进去，没有比这里更完美的城堡了。桑迪说得对。这是我们的土地里最美好的东西。

我们在这里玩各种游戏。我们玩开商店的游戏，这里有如此多的东西可以去卖。有时候我是苔藓商人——溪流旁长了各种不同的苔藓。有时候我是珠宝商人，我兜售雏菊项链、鹅卵石，以及由冬青树的浆果做成的珊瑚项链。有时候我负责保管花生和蘑菇这些食物。有时候我是花店老板，卖花束和花环。

理查德和桑迪来购买我的东西，他们把干了的果皮切成圆形当作钱。不管我们玩什么，我们从来不破坏原样。鸟啊、牛啊、在远处耕地的人和马丝毫不会打扰到我们。

那个夏天我们过得很欢乐。他们两个男孩格外开心，但唯一让我烦恼的一件事情莫过于佩罗内的税费。一个月又一个月过去了，我们没有攒出来。

有一次我们差不多有二点五便士，但是有一天理查德对我说："我必须给风筝买些线绳。能不能从佩罗内的长筒袜里拿一便士给我，我有了钱以后再补回来？"

所以我给了理查德一便士。第二天桑迪来找我说："你把佩罗内的一个铜板给了迪克。我相信佩罗内也愿意借给我一便士。"

最后他们说留下半便士非常可笑，于是我们买了酸糖果。

这件事情最后让我很担心，我开始在梦里牵挂这件事。我梦到我们必须把佩罗内送走，因为没有攒出来它的税费。我常常哭着醒来，发现枕头湿了，然后把枕头另一面翻过来再睡。

有一天我发现桑迪独自在我们的土地里抱着佩罗内，一边哭，一边喂佩罗内蛋糕。他在为税费的事情而哭泣。看到男孩哭泣我无法忍受，我宁愿自己哭。我求桑迪不要哭了，然后告诉他我一定会想些办法出来。

四

我们都去了学校，校长轻轻地敲着桌子说："同学们，安静一下！"

接着他告诉我们今年学校里将举办一次花展，一位老绅士将会为最优秀的野花插花作品颁发奖品。

从插花胜出者选出优胜者，一等奖奖励五个先令，二等奖奖励半个克朗。我挤了挤桑迪的胳膊，悄悄说："五先令！"

校长说："孩子们，静一下！"

我觉得那一天我可能没有学习，因为整天都在想着佩罗内的税费。

晚上我对男孩们说："看这里！我要做一个花束。我知道名字，我能印出来。假如你们能找来我想要的东西，我会非常感激。你们也能做一些苔藓花束。小溪附近有十种苔藓，我们自己来选择，所有的东西必须出自我们的土地。”

男孩们同意了，他们都是好样的。理查德给我做了一个盒子。我们在盒底装上湿润的沙土，然后铺上羽毛和苔藓，我在上面固定好花束，把它们摆放得非常漂亮。准备好所有的花朵和苔藓，我把名字印在纸板上，粘贴好。

当我做完这些事情的时候，我在最后加上一行字：“所有的一切都出自我们的土地。”

完工的时候我不喜欢这个成品，但是理查德夸赞我做得很漂亮，他的鼓励令我很开心。我认为他的苔藓做得很好看。

举办花展的那天天气非常炎热。当我们来到帐篷前，里面有很多大人，要想四处走动看清楚展位前面的花束特别难。

我们不住地看“一等奖”和“二等奖”的标签，我们相信放在托盘里的大丽花或者可以摸到的水果或蔬菜的胜算可能更大。我开始恨起了蔬菜。我认为自己再也不想看见大土豆了。一想到它们，伴随着燥热和焦虑，我就感觉不舒服。

我们的花束完全是按照自己的方式展示着自己。我们挤着在帐篷的四周走动。我们见识了所有的黄瓜、洋葱、生菜、长土豆、圆土豆以及其他一切东西。最后我们看到水壶里有三束花，全部是绿色的，花朵紧紧地系在一起。

这时候我们看到一些鲜亮的花束。然后，我们看到了我的花束！上面粘了一个非常大的标签，注明“一等奖”，旁边是理查德的苔藓盘子，标注着“二等奖”。

我握紧桑迪的一只胳膊，理查德握紧了另一只，我们都叫起来：“佩罗内的钱付清了！”

点评：

这篇文章是英国儿童文学女作家朱莉安娜·霍雷希克·尤因的作品。有人评价她说：“尤因夫人没有写低级作品，可以得个满分。”她的作品风格是没有假正经的道德说教，故事极其优美、有趣而好懂。这些也可以成为我们写作时的榜样。

威斯敏斯特大教堂

导读

威斯敏斯特大教堂坐落在伦敦泰晤士河北岸，始建于公元960年，1045年进行了扩建，1065年建成，1220年至1517年进行了重建。威斯敏斯特教堂在1540年英国国王创建圣公会之前，它一直是天主教本笃会教堂。

晚秋的一天，天气冷肃且忧郁，阴天与傍晚几乎难以分辨，这一年的流逝为人平添伤感，我在威斯敏斯特大教堂漫步数小时。庄重的旧建筑与这个季节的色调刚好相配。我踏过大门，似乎感觉走进中世纪以前的那些地方，整个人迷失在过去的时代里。

一抹金秋的阳光从回廊的广场上倾泻而下，照在中间一小方稀稀拉拉的草地上，拱形走廊的一角笼罩在阳光之中，昏暗当中自有一种壮丽的色彩。从拱形走廊之中张望，可瞧见一小片蓝天或是飘动的云朵，还能看到在蔚蓝的天空之下被太阳镀上金色的教堂尖顶。

我从威斯敏斯特大教堂的内庭走进去，先穿过一道拱门。走到这里，整座辉煌的建筑尽收眼底。眼睛凝视着这样的奇景，一根根聚集在一起的庞大的圆柱嵯峨高耸。人在圆柱脚下闲逛，不禁会想到，与人类的建筑相比，人自身却是如此渺小。

也许是教堂本身庄严气氛令观者的内心产生一种敬仰，我们对

此肃然起敬，感觉古代那些载满史册、举世闻名的伟人们把我们包围了起来。他们曾经被世世代代的人们所关心与景仰，他们用尽种种方式，想尽一切办法，希望他们的名字被后人永远铭记。

我在诗人角逗留了一会儿。诗人角是大教堂十字形翼部的一个角落，位于大教堂的甬道上。这里的纪念碑总的来说非常朴素，因为文人墨客无法为雕刻师提供任何显著的素材。莎士比亚与约瑟夫·艾迪生各有一尊纪念雕像，大部分人要么是半身像，要么是圆形雕饰，有时候纯粹只有碑文。尽管他们的纪念碑非常简朴，但我常常看到游客在这里逗留的时间最长。诗人的墓碑总能引起一种更加深厚的感情。游客在这些墓碑当中逗留，就像他们在朋友和伴侣的墓旁。确实，诗人和读者之间有一种情意。对于后人来说，一些人闻名于世是以历史为载体，而历史总是越来越模糊，越来越晦涩，但是诗人和读者之间的交流却是永远新鲜、活跃并直接的。诗人更像是为了读者而活在这个世上，他牺牲了周遭的享受，让自己远离交际生活当中的乐趣，这样或许才能与后世的人更加亲密地沟通。愿世人珍惜诗人的声名，因为那并非是通过绯闻和留学，而是通过勤勉地施与乐趣换得的。愿世人因为他留下的遗产而心怀感激，感激全部智慧的宝藏、思想的明珠以及丰富的语言文字，而非空洞的名字。

我常常独自去威斯敏斯特大教堂散步。建筑的庄严以及安息在这里的人的身份，常常令人产生一种思绪，或者更贴切地来讲，那是一种不会令人反感的深思。昨天整个下午我穿过墓地、回廊和教堂，看到了几个区域内死者的墓碑和碑文，我用这些东西来打发时间。

这里埋葬的大部分死者除了记载生于何时死于何日，他们跟所有的人一样，一生全部囊括在这两个条件之内。不管是黄铜墓碑还是大理石材质，于逝者而言，除了生于何时死于何日，他们没有留下任何记忆。

我开始想起无数的人被安葬在那座年代久远的教堂的路面之下；男人和女人、朋友和敌人、牧师和士兵、修道士和受俸者都被埋葬在一起，混杂成一片；不分美丑、力气强弱、年长年幼、健全和残缺，所有的人都躺在一起。

在大致浏览过这一庞大的墓地之后，我格外注意在这个古老的建筑的每个地方都竖立的那几座有描述内容的墓碑。一些墓碑上刻了如此夸张的墓志铭，如果死者有知，他会因为朋友所写的溢美之词而赧颜汗下。还有一些非常朴实的墓志铭，用希腊文或希伯来文描述了故人的性格，而这样一来一年当中也不会有几个人能够读懂这些文字。在诗人角我发现一些诗人没有墓碑，或者有墓碑，但是没有墓主。我确实注意到，眼下这场战争为这座教堂带来很多荒凉的墓碑，这些墓碑立起来以为纪念那些逝者，而他们的尸体或许被埋葬于布伦海姆平原之下，或许葬于大海之中。

我总是非常严肃，不知忧郁为何物，深沉与庄重所带给我的乐趣不亚于我看到大自然最令人高兴的场景的乐趣。这样一来我就能从别人认作恐惧的东西当中获得自我提升。

当我看着这些伟人的坟墓时，每一种嫉妒的情绪都从我身上消失；当我读着美人的墓志铭时，每一种过度的欲望都被熄灭；当我

在墓碑上看到父母的伤悲时，我满是同情，心也随之融化；当我看到国王们与他们的废黜者们躺在一起，当我想到互相竞争的智者并排放在一起，我的悲伤与惊讶难以抑制，人类的竞争引人深思。我读到坟墓上的这几个日期，有些人死于昨日，有些人死于六百年前，这时我

想，如果我们所有的人都在同一个时代相遇，那这将是一个多么伟大的日子。

点评：

或者大家不知道，雪莱和拜伦这两位举世闻名的大诗人也因为惊世骇俗的言行被教堂拒之门外。在威斯敏斯特教堂内还安置着英国著名的政治家丘吉尔、张伯伦等许多知名人士的遗骸。作者漫步于这些名人的身边，产生无限遐思，让人跟随着他的思绪畅游。

【第六章】

诗梦奇缘

全世界最美的课文·加拿大语文

初中版

寻求

从前有一个焦躁不安的男孩，
他的家在海边。
那里海浪起舞，
海风欢快与自由。
但他说："好妈妈，让我走吧。
让我离开这个世上最无趣的地方！
苹果树下的那间棕色屋子，
那间棕色小屋是我所了解的最无趣的地方。"

"我要行遍东方与西方。
我要去看那最可爱的房屋。
他日当我找到最好的房子之际，

亲爱的妈妈，我定会回来接您。
我会在一年又一天之内接您离开。
然后我们满怀喜悦，快点儿离开这里。
我们一起离开苹果树下的那间棕色屋子，
离开那间棕色小屋。”

所以他到处旅行，
但是从来不曾满足，
虽然他看到异常美丽的地方，
那里有最昂贵的房子。
有时候他怀念大海或天空，
他对着苹果树下的那间棕色屋子，
对着棕色小屋，
惆怅地叹息一声之后转过身去。

然后母亲笑眯眯地看着他，
她的心充满欢乐与自由。
她问：“我的孩子，你找到你要的房子了吗？
啊，我们应该住在哪里呢？”

他说：“亲爱的妈妈，从东方到西方，
最可爱的房子，最好的房子，
依然是苹果树下的那间棕色屋子，
是那间棕色小屋。”

闪亮的一面

奶奶总是满怀希望，

乐观又性情开朗。

今天我弄裂了杯子，

她乐观地说：

“只是杯子裂了，我希望你不要慌张。”

奶奶多么开朗、亲切、精明又善良！

奶奶总是满怀希望，

今天我打碎了杯子，

她乐观地说：

“杯子本来就裂了，我很高兴，破杯子坏了。”

奶奶性格多么开朗！

奶奶总是满怀希望，

矮小的奶奶这一点令人称赞。

杯子总会裂缝，总会被打碎，

烦恼于事无补，也无法补偿；

我觉得尽力便好。

奶奶多么慈祥！

三只虫子

篮子里有三只虫子，
篮子里的空间只够两只待着；
一只黄虫子，一只黑虫子，
还有一只像你也像我。
篮子里的空间这样小，
那么第三只虫子该怎么办？

篮子里有三只虫子，
面包屑只够两只吃；
它们的心都是自私的，
像你也像我。
强壮的那只说：“我们吃面包，

我们就要吃面包！”

篮子里有三只虫子，
床只够两只睡，
所以它们争吵不断；
白虫子、黑虫子和金虫子——
两只虫子有毯子盖，
第三只虫子在外边受冻。

它离开篮子，
既没有咀嚼的面包屑，
也没有破布裹身，
冷风吹过来，一条破布从一只虫子身上吹落。
于是它们又吵起来了。

篮子里两只虫子打起来了。
啊，多么遗憾，但是真的！
最终那只饥寒交迫的虫子，
用尽最后一点儿虚弱的力气，

把破布条从两只虫子身上拉下来，
咬死了另外两只，并把它们吞掉了！

现在篮子里住着一些虫子，
虽然空间还是太挤，
但虫子们似乎一致同意——
无论是黑虫子、白虫子还是金虫子——
共同分享床与面包屑。
不会把任意一只虫子丢在冷风里。

男孩和羊

“懒惰的羊，请你告诉我，
为什么你整日舒适地躺在草地上，
吃着青草，嚼着洁白的雏菊，
从早到晚，
整日不干活儿？
没有人像你这样懒惰。为什么？”

“不，亲爱的小主人，不是这样，
请你不要这样对我。
你看不见我背上的羊毛吗？
我的羊毛给你做了衣裳，
假如不从我身上取羊毛，

孩子们如何抵御严寒？

“诚然，春天能啃小雏菊，
看上去似乎非常愉快。
但是我在挂满露水的草地上，
度过无数漫漫寒夜！
我常常从光秃秃的灰褐色的土地上，
获得不足的口粮。

“当和煦的春天过去，
农夫们最终过来，
剪掉我的羊毛。
来给你制成御寒的衣服。
小主人，这就是你所见到的
我舒适地躺在草地上的样子。”

与狼在一起的夜晚

小孩子到我膝边来，
听！在漆黑的夜里，
雨从屋顶倾盆而下，
风在林间呼号。

嘘，亲爱的孩子，听！
作为报答给我一个吻；
在漆黑的夜里，
父亲在暴雨中走散。

在那高高的寂静的山林中，
狂野的人们观察着，等待着，

狼群在林中，熊在灌木中，
我从路上迟迟赶来。

漆黑的夜，如注的雨，
还有那随后而至的风。
压垮了松树做的屋顶，
折断了屋椽。

我在暗夜里匍匐爬行，
惊慌失措、浑身是伤、不见五指。
我爬到冷杉旁，抱着粗壮的冷杉枝，
背后靠着岩石来遮挡。

我蹲伏着，
躲避着风雨。
一只狼趴在我的身边，
眼睛里发出两道绿光。

小孩子不要害怕，
我与狼在一起，

彼此依靠度过漫长的雨夜，
一起躲避糟糕的天气。

它浸湿的皮毛靠着我，
我们彼此相依取暖；
在这样的一个风雨夜，
我们感觉彼此是兄弟。

当陷落的森林
不再发出崩塌的警告，
我们彼此走向潮湿的森林，
离开庇护地。

亲爱的，作为报答给我一个吻，
听！风在吼叫！
当暴雨倾盆的时候，
父亲的房子是多么好的避雨地。

笛河上的磨坊主

在笛河上，

住着一位强壮又勇敢的磨坊主。

他从早到晚边干活儿边唱歌，

云雀都不及他快乐无忧；

他永远都唱同一句副歌，

永远是那句：

“我谁都不羡慕，

谁也不羡慕我！”

老国王哈尔说：“我的朋友，你错了；

你错得离谱。

我的心跟你的心一样轻快，

我欣然愿意与你交换。
现在告诉我，你为什么而歌？
为什么你的声音响亮又自由？
纵然我是国王，
却在笛河上悲伤难过？”

磨坊主拿掉帽子笑了，
他说：“我能工作，
我爱我的妻子和朋友，
我爱我的三个孩子；
我感谢笛河，推着石磨转动并磨碎玉米，
养活我和我的家人。”

哈尔叹了口气说：“我的朋友，
再见了，愿你永远快乐。
沾了面粉的帽子比得上我的王冠，
你的磨坊就是我的王国。
在英国，在笛河上，
我为有像你这样的人而感到光荣！”

《那一年，花开半夏》	18.80
《雨季微凉时》	18.80
《只穿一天公主裙》	18.80
《月色银蔷薇》	18.80

重磅作家系列

《薄荷香女孩》	19.80
《不说再见好吗（上）》	17.90
《不说再见好吗（下）》	17.90
《风走过树林》	17.90
《忆棠的夏天》	17.90

唯美新漫画系列

《钢琴小淑女（第一季）》	17.90
《钢琴小淑女（第二季）》	17.90
《钢琴小淑女（第三季）》	17.90
《七寻记·鎏金龙纹镯（漫画版）》	15.00
《天鹅座·鹅黄》	18.80
《天鹅座·柳青》	18.80
《小叶的幻想夜（第一季）》	15.00
《悠莉宠物店漫画版①》	15.00
《悠莉宠物店漫画版②》	15.00
《紫阳花之夏（第一季）》	15.00
《紫阳花之夏（第二季）》	15.00

绘色缤纷系列

《淑女绘·花的学校》	22.00
《淑女绘·童话诗人》	22.00

纯美小说系列

《少女果味杂志书①：甜心草莓号》	14.80
《少女果味杂志书②：蜜桃慕斯号》	14.80
《少女果味杂志书③：焦糖布丁号》	16.80
《少女果味杂志书④：香草海绵号》	16.80
《少女果味杂志书⑤：可可森林号》	18.80
《少女果味杂志书⑥：果果米苏号》	18.80
《少女果味杂志书⑦：香橙泡芙号》	18.80
《少女果味杂志书⑧：樱桃芝士号》	18.80

蝴蝶蓝系列

《蝴蝶蓝·千面桃花姬》	19.90

班花朵朵系列

《班花朵朵①·我是艺术生》	20.90
《班花朵朵②·电影初体验》	20.90

小 MM 四周年主题书

《现在是女生时代》	28.00

欢乐联萌系列

《养只萌呆镇镇宅①》	19.90
《养只萌呆镇镇宅②》	19.90

天使在身边系列

《路过心上的哈士奇》	20.90
《当心！浣熊出没》	20.90

《意林·轻小说》·轻文库品牌书系 引领校园小说阅读新潮流

绘梦古风系列

《公主驾到》	23.80
《花颜错》	23.80
《山寨世家》	23.80
《倾世迷迭书》	23.80
《凤九卿 1》	23.80
《凤九卿 2》	23.80
《美人千千泪西楼》	23.80

恋之水晶系列

《致淡玫瑰色的你》	22.80
《宁负流年不负君》	22.80
《世界第一的假面殿下》	25.00
《脱线萌星易容记》	25.00
《指尖花凉忆成殇》	22.00
《欢歌犹在意微醺》	22.00

奇幻仙境系列

《天命玄鸟·蜃世歌》	23.80
《玫瑰帝国·荆棘鸟之冠》	25.80
《玫瑰帝国·黑羽蝶之翼》	25.00
《彼渡少年与妖怪契约》	23.80
《神典·末夜公主》	23.80
《御灵骑士团·诺茵与彩狸》	23.80
《逆世界之瞳》	23.80

暗影迷踪系列

《终极推理事件簿》	22.80
《超级学园探案密码》	22.00

新炫武侠系列

《邻家武圣》	23.80

星光璀璨系列

《轻星球·仙女星云号》	19.80

意林百年励志经典系列 只出版读与不读人生命运迥然有异的成功学精华

《意林百年励志经典——巴比伦富翁》	35.00
《意林百年励志经典——命运之门》	35.00
《意林百年励志经典——穷理查智慧书》	35.00
《意林百年励志经典——伟大的励志书》	38.00
《意林百年励志经典——我的人生思考》	35.00